Det Velsignede Liv

Det velsignede liv

liv

Taler om spiritualitet
af
Swami Ramakrishnananda Puri

Mata Amritanandamayi Center, San Ramon
Californien, Forenede Stater

Det Velsignede Liv

Taler om spiritualitet
af
Swami Ramakrishnananda Puri

Udgivet af:
Mata Amritanandamayi Center
P.O. Box 613
San Ramon, CA 94583
Forenede Stater

——————————— *The Blessed Life (Danish)* ———————————

Første udgave af Mata Amritanandamayi Center: april 2016

Danmark:
info@amma-danmark.dk
www.amma-danmark.dk

India:
inform@amritapuri.org
www.amritapuri.org

Dedikation

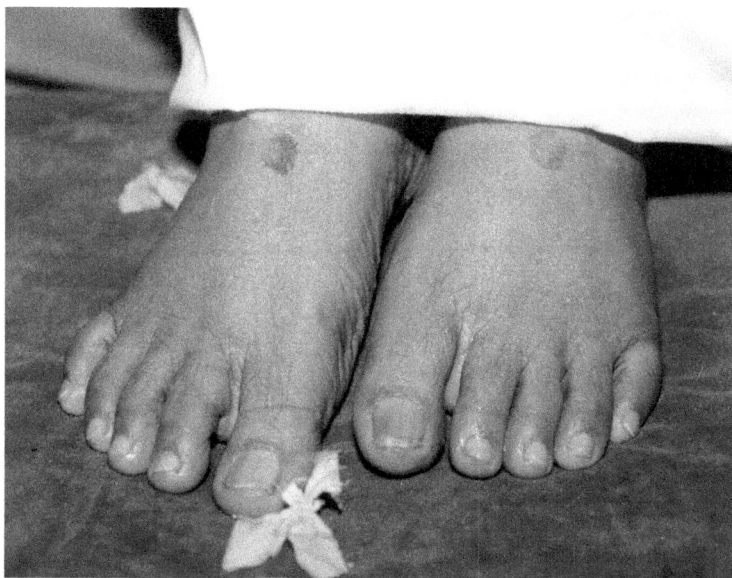

Jeg dedikerer med ydmyghed denne bog til min elskede Satguru, Sri Mata Amritanandamayi Devis fødder..

Durlabhaṁ trayam ev'aitat daiv'ānugraha-hetukam;
manuṣyatvaṁ mumukṣutvaṁ mahā-puruṣa-saṁśrayah.

Det er svært at opnå disse tre privilegier: den menneskelige
fødsel, længslen efter oplysning og forbindelsen med store sjæle.
De er resultatet af guddommelig nåde.

–Viveka Chudamani I.3

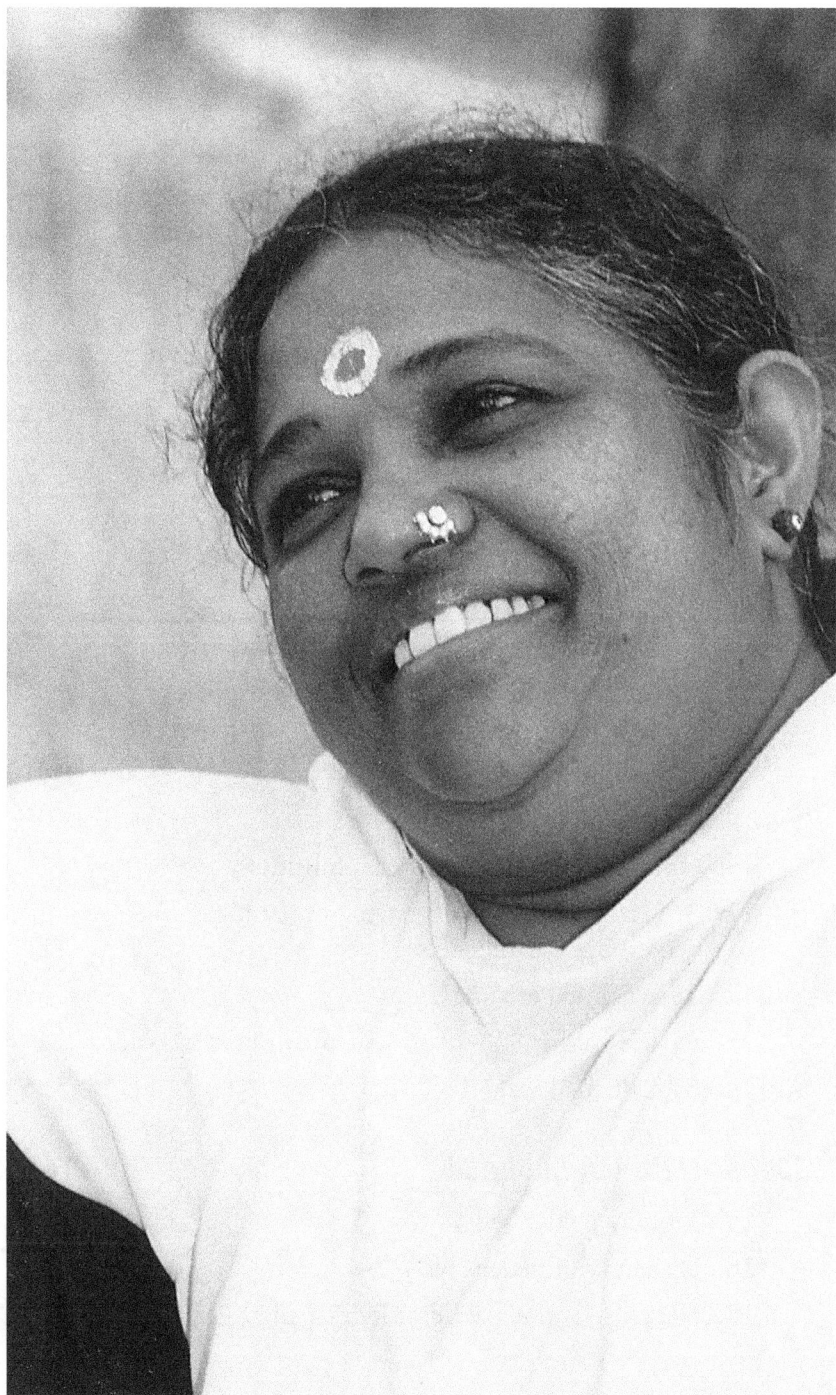

Indhold

Introduktion

Da jeg var 22 år, arbejdede jeg i en bank i det sydlige Kerala og var ikke specielt interesseret i spiritualitet. Jeg var opvokset i en traditionel familie, der tilhørte Brahminkasten (præstekasten), men havde ikke skænket religion eller spiritualitet mange tanker. En dag fortalte en af bankens kunder mig om en hellig kvinde, der var kendt som "Amma" og boede i en fiskerlandsby ikke så langt derfra. Ved en indskydelse besluttede jeg at tage hen og møde Hende en aften efter arbejde. Jeg ville gerne overføres til en bank i den by, jeg var opvokset, og tænkte, at hvis Hun virkelig var en hellig kvinde, så ville Hendes velsignelse hjælpe mig til at nå mit mål.

Amma sad inde i et lille tempel. Til min forbløffelse opdagede jeg, at Hun velsignede mennesker ved at give hver af dem en omfavnelse. Da det blev min tur, gjorde jeg det samme som alle andre: Jeg knælede foran Hende og lagde mit hoved i Hendes skød. Og da Hun omfavnede mig, begyndte gråden at strømme helt spontant. Jeg havde ikke grædt, siden jeg var en skoledreng, men i Ammas arme flød tårerne ned ad mine kinder. Jeg anede ikke, hvad der skete med mig. Jeg tænkte: "Der er intet galt med mit liv; jeg er slet ikke ked af det; så hvorfor græder jeg?" Jeg følte det, som om mit hjerte havde åbnet sig – jeg følte mig meget sårbar og alligevel helt tryg; jeg oplevede en Væren, som var fyldt med vidunderlig lethed. Selvom jeg havde tænkt mig at spørge Amma om en velsignelse, var jeg ude af stand til at sige noget.

Den samme nat skete der noget andet, som gjorde endnu større indtryk på mig. Darshan[1] var ved at være forbi, og den sidste person blev kaldt ind. Det var en spedalsk mand, hvis navn var Dattan,

---

[1] Ordet "darshan" betyder bogstaveligt "at se". Det bruges traditionelt i sammenhæng med at møde et helligt menneske, at se et billede af Gud, eller få en

11

som kom ind i templet og knælede foran Amma. Han havde en særlig form for spedalskhed, som fik sår til at springe frem på hans krop, og flere steder flød der pus og blod ud fra sårene. Næsten alle i templet så til med afsky og forfærdelse. Folk holdt sig for næsen med deres tøj. Nogle af dem var bange for, at Dattans sygdom kunne være smitsom, og de løb ud af templet. Jeg overvejede at gøre det samme, men et eller andet fik mig til at blive. Det jeg fik at se, overgik min vildeste fantasi.

Uden den mindste tøven og med et udtryk af dyb medfølelse i ansigtet, lagde Amma Dattans hoved i sit skød, mens Hun begyndte at undersøge hans sår. Til min store forbløffelse begyndte Amma at suge pus ud fra nogle af sårene, og bagefter spyttede Hun det ned i en skål. Hun slikkede også på andre sår og rensede dem med sit spyt[2]. Mens jeg så på, begyndte mit hoved at snurre, så jeg troede, at jeg skulle besvime. Nogle af de andre, som stod i nærheden, kunne slet ikke holde ud at se på det. Amma brugte næsten 10 minutter på at ordne mandens sår. Til sidst puttede Hun hellig aske på hans krop.

Jeg tænkte: "Drømmer jeg eller er det virkelighed?" Jeg følte, at jeg oplevede et menneske, som overgik Gud i sin kærlighed og medfølelse. En mor ville tøve med at gøre noget lignende for sit eget barn, men her var der en kvinde, som gjorde det for en spedalsk tigger.

Jeg følte instinktivt, at den spedalske var mere tryg sammen med Amma end noget andet sted i hele verden. I det øjeblik besluttede jeg, at hvad der end måtte komme, så ville jeg altid være sammen med Amma; jeg ville aldrig forlade Hende.

Næste gang jeg kom for at se Amma, bad Hun mig om at sidde i nærheden af Hende og meditere. Jeg fortalte Hende, at jeg aldrig havde mediteret i hele mit liv. Hun smilede bare og sagde: "Det gør ikke noget. Sæt dig bare her og luk øjnene." Jeg gjorde, som

---

indre vision af Gud. I denne bog bruges ordet darshan om Amma's moderlige omfavnelse, som også er en velsignelse.

[2] Det siges at en sand mesters spyt har helbredende kvaliteter. Indenfor et par år var Dattan´s sår helede, og i dag besøger han stadig ashrammen. Han har stadig nogle ar, men han lider ikke længere af den frygtede sygdom.

Hun sagde. Jeg lukkede øjnene og kort efter oplevede jeg en dyb og ubeskrivelig fred. Efter noget jeg troede var 5 minutter, åbnede jeg øjnene og fandt ud af, at jeg havde siddet sådan i 3 timer! Jeg troede, at der var noget galt med mit ur og spurgte en, der sad ved siden af mig, hvad klokken var. Det var rigtigt, at der var gået 3 timer, og selv efter at jeg havde åbnet øjnene igen, mærkede jeg en dyb følelse af glæde og tilfredsstillelse.

Dagen efter oplevede jeg stadig en vidunderlig følelse af lethed. Jeg gik hen til banken, men kunne ikke koncentrere mig om mit arbejde. Jeg følte mig helt adskilt fra alt. Det tog mig næsten en uge før jeg følte, at jeg mere eller mindre var kommet tilbage til mit gamle selv. Men jeg kunne ikke glemme Amma og den uforklarlige gave, Hun havde givet mig ved at være den Hun var.

Den tredje gang jeg tog hen for at se Amma, gav Hun mig et lille billede af Madurai Minakshi, en af den Guddommelige Moders former, som er anbragt i et berømt tempel i byen Madurai, hvor jeg er født. Jeg havde altid tilbedt denne gudinde – men hvor kunne Amma vide det fra?

Efter de oplevelser, jeg fik i begyndelsen, undrede jeg mig i mit stille sind. "Hvem er Amma egentlig helt præcist?" Nogle gange spurgte jeg hende endda direkte om det. Hun svarede aldrig på spørgsmålet; Hun smilede bare. En dag mens jeg mediterede på Minakshi Devis form, så jeg pludselig med mit indre øje Amma, som gik hen mod Gudindens form og smeltede sammen med Hende. Det gik op for mig, at det var svaret på mit spørgsmål – Amma er den Guddommelige Moder. Det er min faste overbevisning.

Før jeg mødte Amma var mine største bekymringer, at sengen i det rum jeg lejede ikke var behagelig nok, og at maden ikke smagte godt nok. Jeg blev ved med at længes efter min mors mad og den gode seng i min families hjem. Men når jeg var hos Amma, sov jeg på sandet hver nat. Den smule mad, der var at spise, var meget ensformig. Alligevel følte jeg mig fuldstændig tilfreds.

Amma viste mig, at det virkeligt vigtige i livet ikke er kropslig komfort eller den flygtige glæde, vi kan opnå ved materielle goder og verdslige forhold. Det vigtige er erkendelsen af Atman, Bevidsthedens lys, som gennemtrænger, understøtter og oplyser hele universet, og som er det Sande Selv i alle væsener.

De af os, som har religiøs viden, tænker måske nok, at vi har en sjæl, men vi plejer at anse sjælen for at være en afgrænset og adskilt væren, med næsten lige så mange begrænsninger som vores fysiske krop. Sanatana Dharma[3] fortæller os derimod, at der kun findes én Sjæl, som er i alle væsener. Denne Sjæl, eller dette Selv, kan bedst forklares som opmærksomhed, et "Jeg" uden nogen betingelser eller omstændigheder knyttet til det. Hvis vi ser dybt ind i os selv, vil vi til sidst opdage, at dette "Jeg" er det eneste uforanderlige i en foranderlig verden, og at det gennemtrænger alt. At erfare det i den rene tilstand er at være opslugt af den højeste, evige lyksalighed.

En dag var der en, der spurgte Mullah Nasrudin: "Er det solen eller månen, som er mest værdifuld for menneskeheden?"

"Månen, selvfølgelig" svarede Mullahen uden tvivl. "Vi har brug for mere lys om natten".

Lige som Mullahen ikke erkendte, at månen kun skinner i kraft af solens lys, glemmer vi, at alt i universet får sin skønhed og ynde fra Atmans lys. Hvis vi ønsker at leve det velsignede liv, som Amma giver os mulighed for at leve, må vi lære at sætte mere fokus på vores Sande Selv. Det betyder ikke, at vi ikke længere kan nyde det, verden har at byde på, men vi kan heller ikke længere fuldstændig ignorere kilden til det hele. Amma giver os et eksempel. Det er ligesom at tage på picnic. Selv om vi slapper af i parken og nyder synet, lydene og den gode mad, glemmer vi aldrig vores hjem, og vi ved, at vi snart skal tilbage til det. På samme måde skal vi aldrig glemme vores Sande Selv, Atman, og den kendsgerning at det er det eneste, som altid er med os.

Ammas velsignelser er der altid. Om vi modtager dem eller ej afhænger af vores modtagelighed. Hvis en spand er vendt på hovedet,

---

[3] Sanatana Dharma er det oprindelige navn for Hinduisme. Det betyder "Livets evige vej".

kan den ikke blive fyldt op, selv om regnen styrter ned. Selv på de lyseste sommerdage vil et rum være mørkt, hvis vi ikke trækker gardinerne fra vinduerne. På samme måde er vi nødt til at forandre vores måde at leve livet på, så vi bliver i stand til at modtage Ammas velsignelser. I denne bog undersøger vi, hvilke indstillinger og handlinger, der kan rense og åbne os, sådan at vores liv kan blive fyldt med Ammas nåde og blive virkeligt velsignet.

Swami Ramakrishnananda Puri
Amritapuri, September 27, 2005.

Ammas liv: med Hendes egne ord

"Så længe der er kræfter nok til at omfavne de mennesker der kommer, og lægge hånden på grædende menneskers skuldre, vil Amma fortsætte med at gøre det... Indtil dette jordiske liv er forbi, er det Ammas ønske kærligt at omfavne mennesker, at trøste dem og tørre deres tårer bort."

– Amma

Amma blev født i en afsides beliggende landsby ved kysten i Kerala, Sydindien. Amma siger, at Hun altid har vidst, at der var en højere virkelighed bag denne foranderlige verden med navne og former. Selv som barn udtrykte Amma kærlighed og medfølelse over for alle. Amma siger, at "en uophørlig strøm af kærlighed flyder fra Hende til alle væsener i universet. Det er Ammas iboende natur."

Om sine tidlige dage siger Amma: "Helt fra barndommens tid undrede Amma sig over, hvorfor mennesker i denne verden må lide. Hvorfor skal de være fattige? Hvorfor skal de sulte? I det område, hvor Amma voksede op, var folk for eksempel fiskere. Nogle dage kunne de tage ud for at fiske uden at fange noget. Der var der perioder, hvor de ikke havde noget at spise - nogle gange i adskillige dage. Amma levede meget tæt sammen med disse mennesker i landsbyen, og ved at følge med i deres liv og vanskeligheder fik Hun mange muligheder for at lære om den måde, verden fungerer på."

"Amma plejede at gøre alt det huslige arbejde, og en af opgaverne var at give mad til familiens mange køer og geder. For at gøre det var Hun hver dag nødt til at gå rundt til 30 eller 40 huse i nabolaget for at samle tapioka skræller og andre af den slags rester. Når Hun besøgte menneskerne i disse huse, opdagde Hun, at deres liv var fyldt med lidelse - nogle gange på grund af at de var blevet gamle, nogle gange på grund af fattigdom, nogle gange på grund af sygdom. Amma plejede at sidde sammen med dem for at lytte til deres problemer, dele deres lidelse og bede for dem."

"Så snart Hun havde tid, plejede Amma at tage disse mennesker med til sine forældres hus. Her gav Hun dem et varmt bad og noget at spise, og nogle gange tog hun endda ting fra sin egen familie og gav dem til de sultende familier."

"Amma lagde mærke til, at når børnene var små, var de afhængige af deres forældre, så de bad til, at deres forældre måtte leve længe og ikke blive syge. Når de samme børn blev voksne, følte de, at deres forældre - som nu var gamle - var en byrde. De tænkte: "Hvorfor skulle jeg gøre alt det arbejde for mine forældre?" At give dem mad, vaske deres tøj og behandle dem omsorgsfuldt var blevet en byrde for de børn, som tidligere bad til, at deres forældre ville leve længe. Amma plejede altid at undre sig: "Hvorfor er der så mange modsætninger i verden? Hvorfor findes der ingen ægte kærlighed? Hvad er den dybere årsag til al denne lidelse, og hvad er løsningen?"

"Helt fra sin tidlige barndom vidste Amma, at Gud - Selvet, den Højeste Kraft - er Sandheden, og at verden ikke er den ubetingede virkelighed. Derfor tilbragte Hun lange perioder opslugt i dyb meditation. Ammas forældre og slægtninge forstod ikke, hvad der skete. På grund af uvidenhed begyndte de at skælde Hende ud og gøre modstand mod Hendes spirituelle praksis."

Men Amma var opslugt i sin egen verden og fuldstændig uanfægtet af den kritik og forfølgelse, som Hendes familie blev udsat for. I denne periode var Amma nødt til at tilbringe dage og nætter uden for under den åbne himmel, og Hun måtte give afkald på søvn og mad. Dyr og fugle passede på Hende, de bragte Hende mad og vækkede Hende fra de dybe meditative tilstande.

Amma siger: "Under meditationen og i løbet af dagen undersøgte Amma kilden til al den sorg og lidelse, Hun så alle vegne. På et tidspunkt følte Hun, at årsagen til menneskehedens lidelse var deres karma, frugten af deres tidligere handlinger. Men Amma var ikke tilfreds med dette svar og søgte dybere. Så kom svaret indefra: "Hvis det er deres karma at lide, er det så ikke din dharma[1] at hjælpe dem?" Hvis nogen falder ned i et dybt hul, er det så rigtigt bare at gå forbi, mens du siger: "Nå, men det er deres karma at lide på den måde?" Nej, det er vores pligt at hjælpe dem til at kravle op af hullet.

"Ved at opleve enhed med hele skabelsen forstod Amma, at Hendes livs formål var at hjælpe og trøste den lidende menneskehed. På det tidspunkt begyndte Amma sin spirituelle mission, som er at sprede budskabet om sandhed, kærlighed og medfølelse over hele verden ved at modtage hver og én, der kommer til Hende."

I dag bruger Amma det meste af året på at rejse gennem Indien og verden rundt for at hjælpe og opløfte den lidende menneskehed via ord og kærlige omfavnelser. I Hendes ashram bor 3.000 mennesker og tusinder af besøgende kommer hver dag fra Indien og hele verden. Både fastboende og besøgende bliver inspireret af Ammas eksempel og vier deres liv til at tjene verden. I kraft af Ammas vidtrækkende netværk af godgørende aktiviteter, bygger de huse til de hjemløse, giver pensioner til de fattige og medicinsk hjælp til de syge. Utallige mennesker over hele verden bidrager til disse kærlige bestræbelser. Som det sidste nye har Amma modtaget international anerkendelse for at have doneret mere end 23 millioner dollars til hjælp og rehabilitering af ofrene for tsunamien i Indien, Sri Lanka og i Andaman og Nicobar øerne.

"Til syvende og sidst" siger Amma, er "kærlighed den eneste medicin, som kan helbrede denne verdens sår. I dette univers er det kærlighed, som binder alting sammen. Når denne viden vokser i vores indre, vil al ufred ophøre. Kun varig fred vil herske"

---

[1] På Sanskrit betyder dharma "det som opretholder (skabelsen)" Det kan betyde forskellige ting på forskellige tidspunkter, eller mere præcist udtrykt kan det betyde forskellige aspekter af samme ting. Her vil den nærmeste oversættelse være "pligt". Andre betydninger kan være: retfærdighed og harmoni.

19

Del 1

At værdsætte
livets velsignelser

"Den menneskelige fødsel er dyrbar.
Den er en gave fra Gud."

– Amma

Kapitel 1

Det menneskelige livs velsignelser

Selv om Gud er nærværende i alle væsener, i alle ting og i rummene mellem dem, er det kun menneskelige væsener, der har evnen til at realisere den iboende enhed med den Højeste Bevidsthed, der gennemtrænger hele skabelsen. At opnå denne realisering er selve formålet med livet. Hvis vi ikke gør en indsats for at bruge vores liv på at nå det mål, vil vi være i færd med at synke endnu dybere ned i de vanskeligheder, som er forbundet med tilknytninger og den tilhørende smerte. Hvis vi er aldeles ligeglade med vores tanker, ord og handlinger, kan vi endog blive genfødt som en lavere form for liv.

Det siges, at før sjælen når til det menneskelige liv, må den udvikle sig gennem millioner af lavere livsformer – fra et græsstrå til et træ, fra en orm til den fugl, som spiser ormen, og mange andre former for liv i alle former og størrelser. I den buddhistiske tradition findes der en historie om en fugl, som holder et silkebånd i sit næb. Fuglen flyver over en bjergtop en gang om året, og hver gang børster den let på bjergtoppen med silkebåndet. Historien siger, at den tid det vil tage fuglen og silkebåndet at slide bjerget ned til intet er sammenlignelig med den tid, det tager for en sjæl at udvikle sig til det menneskelige stadie. Denne historie fortæller os, hvor dyrebar den menneskelige fødsel er.

Det menneskelige liv er en velsignelse, men hvis vi ikke gør brug af det på den rette måde kan det blive en forbandelse. Vi har alle hørt mennesker i fortvivlede øjeblikke sige: "Jeg ville ønske jeg var død". Men lad os forestille os, at vi går hen til et sådant fortvivlet menneske og tilbyder det en million dollars for hans eller hendes hænder. Personen ville måske indvillige i at give en nyre bort men ville aldrig gå af med sine hænder endsige tilbyde ben, øjne, hoved eller hjerte – listen fortsætter. For nylig læste jeg i et blad, at hvis vi ønskede at udføre alle de funktioner, den menneskelige lever udfører på mekanisk vis, ville det ikke bare kræve en enkelt maskine, men en hel fabrik til en værdi af millioner af dollars. Når vi regner det ud på denne måde, kan vi se, at Gud har gjort noget af en investering på vores vegne. Amma siger, at selv en normal menneskelig krop, for ikke at tale om de tilhørende menneskelige kvaliteter, er uvurderlig. Desværre har de fleste af os ikke den fjerneste ide om, hvordan vi skal gøre brug af den dyrebare gave, som det menneskelige liv er. Før jeg mødte Amma, var jeg i en lignende tilstand; jeg havde ingen ide om, hvad livet virkelig handlede om, eller hvordan det var meningen, at det skulle leves.

Når vi køber en ny vare, finder vi altid en brugsanvisning i pakken. Den indeholder alle de informationer, der er nødvendige for at anvende tingen på den rigtige måde – så vi kan få det bedste ud af den.

Der findes dog noget, som vi ikke har en brugsanvisning til. Da vi blev født, fik vi ikke en brugsanvisning til vores krop og heller ikke en guide til at leve fredeligt og lykkeligt og til at realisere formålet med at blive født i denne verden.

Hvis en sådan brugsanvisning eksisterede, ville vi så ikke ønske at se den? Ville vi ikke ønske at gennemgå den grundigt hver dag? Faktisk eksisterer der en sådan brugsanvisning til den menneskelige fødsel. En Satguru (sand mester) som Amma giver ved sit liv og sin lære den klareste og bedste guide til at leve vores liv, så det udfolder sit mest fulde potentiale, i den største harmoni med hele skabelsen.

Mennesket er ikke skabt til bare at leve som ethvert andet dyr, der er optaget af at spise, sove, formere sig og overleve. Formålet med den menneskelige fødsel og den menneskelige krop er at stige op til højderne af Selv-realisering. At opnå viden om, at vores sande natur ikke er forskellig fra den Højeste Bevidsthed. Naturligvis vil der være vanskeligheder og blokeringer – jo højere målet er, des større er vanskeligheden ved at opnå det. For eksempel er der mange farer og udfordringer involveret i at sende en raket ud i rummet: raketten skal bryde ud af jordens tyngdekraft; modstå den gevaldige hede i den ydre atmosfære og følge sin planlagte bane. Hvis noget går galt, risikerer menneskene indeni at miste deres liv, men alligevel er de villige til at risikere alt for målets skyld. Hvis raketten blev på jorden, ville der ikke være nogen fare, men selve formålet med en raket er at udforske rummet, ikke sandt? Hvad er formålet med en raket, som aldrig forlader jorden?

Hvis et menneske bare lever som et dyr og fokuserer på at spise og sove, er der på samme måde ingen fare men heller ikke mulighed for at opnå noget stort. Ingen tvinger os ind på den spirituelle vej; det er op til hver enkelt af os at beslutte, hvordan vi bruger livet. Men ligesom det kan være en hjælp at læse en brugsanvisning til en ting, kan de store mestres liv og lære inspirere os til at bruge vores liv på den bedste måde, sådan at vi får mest muligt ud af velsignelserne ved at være født som menneske.

Kapitel 2

At være bevidst om vores uvidenhed

En mand går ind i et værelse på et psykiatrisk hospital og ser to mænd, der sidder ved et bord. Begge er pænt klædt på, de ser godt ud og virker helt almindelige. Den besøgende går hen til en af dem og siger: "Undskyld Hr., kan De fortælle mig, hvorfor den anden mand befinder sig her på hospitalet? Han ser sund og rask og helt almindelig ud."

Den første mand svarer: " Åh, men han er helt skør. Han tror, han er Jesus Kristus."

Den besøgende morer sig og spørger den første mand: "Hvor ved du fra, at han ikke er det?"

Den første mand svarer: "Fordi jeg er Gud, og jeg kender ham ikke engang".

Svaret lyder skørt, men mandens ord er sande: "Jeg er Gud, men jeg kender Ham ikke." I virkeligheden er vi alle Gud, men vi er ikke opmærksomme på det. Selvom vi ved det på et intellektuelt niveau, er det ikke en del af vores erfaring.

Alle Store Mestre har forsøgt at lede os til realiseringen af den samme Sandhed. Kristus sagde: "Elsk din næste som dig selv". Mohammed sagde: "Hvis din fjendes abe bliver syg, så pas den som var den din egen." Amma siger det endnu mere ligefremt: "Du er ikke forskellig fra mig. Jeg er dig, og du er mig." Vi tvivler måske på om Ammas ord kan være sande, men der kan ikke være nogen tvivl om, at det er mere end tro. Det er Ammas personlige erfaring.

Hvis Amma ikke følte vores sorg og smerte, som Hendes egen, hvis Hun ikke anså vores problemer som sine problemer, ville det så være muligt for Hende at bruge så meget tid – dage og måneder og år – på at påtage sig verdens problemer? Vi har måske hørt mange gange, at Amma har givet darshan til 24 millioner mennesker i de sidste 30 år. Men har vi nogensinde overvejet, hvad det virkelig betyder? Da Dr. Jane Goodall i 2002 overrakte Gandhi-King Prisen for ikke-vold til Amma, beskrev hun Amma som én, der havde givet Darshan til 21 millioner mennesker. Så holdt hun en pause og sagde til publikum: "Tænk over det - 21 millioner mennesker." Publikum tænkte over det og brød snart ud i en højlydt applaus.

Når vi virkelig træder tilbage og ser på det liv, som Amma har levet, bliver det tydeligt, at Amma er det perfekte eksempel på den højeste sandhed, som er udlagt i skrifterne – jeg er dig, og du er mig.

Amma ved, at teoretisk undervisning og ord ikke er nok til at skabe forandring i verden. Det er grunden til, at Hun taler i 30-45 minutter, og bagefter giver darshan i mellem 6 og 24 timer. På denne måde viser Hun os, hvordan vi skal se Gud i hvert menneske og i alting.

Uden et sådant eksempel foran os, er vi tilbøjelige til at adlyde vores sind, som kun er motiveret af egoistiske ideer om, hvad vi bryder os om og ikke bryder os om. Det strålende eksempel fra fortidens vismænd har altid været til rådighed for os, og Amma er til rådighed for os her og nu. Hvis vi ikke gør den nødvendige anstrengelse for at lære fra Amma, hvordan vi skal bruge denne menneskelige fødsel rigtigt, så vi opnår livets mål, er der ingen grund til at bebrejde den, der har skabt os – Gud – for vores problemer.

Den græske filosof Epictetus skrev: "Det er umuligt for enhver at begynde at lære noget, man tror, at man allerede ved." For at kunne lære fra en Sand Mester, må vi være klar til at indrømme, at vi som det er nu, ikke ved noget om, hvordan man skal leve livet på en intelligent måde, eller i det mindste at der er ting vi ikke ved.

Under en af Ammas nylige Europature kom en gruppe af unge med et råt udseende ind i darshan hallen. De var grove og larmende, og nogle mennesker begyndte at klage til arrangørerne over deres respektløse opførsel. Efter et stykke tid blev en af arrangørerne opmærksom på, at en af de unge havde mistet bevidstheden. Med det samme gik alle ud fra, at det var på grund af fuldskab eller overdosis af stoffer. Efter at de havde ringet til en ambulance, informerede de Amma om situationen og fortalte, at det så ud som om, han var fuld. Amma bad dem om at bringe den unge mand hen til Hende med det samme.

Amma kastede et blik på ham, lagde et stykke chokolade i hans mund og bad de andre om at lægge ham ned et eller andet sted. Tilhængere og arrangører var nervøse over den måde, Amma håndterede situationen på. Jeg var også ret bekymret. Jeg sagde til Amma: "At give søde sager til en beruset person, vil kun tilstanden værre." Som sædvanlig gav Amma mig et godt og sundt spirituelt råd: "Hold din mund".

Et par minutter senere kom lægen og tilså den unge mand grundigt. I modsætning til det alle forventede, var den unge mands eneste problem, at hans blodsukker var faretruende lavt. Lægen sagde, at Amma havde gjort det helt rigtige: givet ham en dosis sukker. Næste gang Amma kom til byen, havde den unge mand taget mange af sine venner med for at se Amma. Første gang kom han kun for sjov, men anden gang kom han for oprigtigt at søge Ammas nåde.

Selvfølgelig er den menneskelige natur sådan, at vi altid tror, vi har ret. Vi har så mange forudfattede meninger og falske ideer om os selv og andre, og om hvad der er det bedste i livet for os selv og andre. Selv om de viser sig at være helt forkerte, har vi stor modvilje over for at opgive vores forudfattede meninger. Det minder mig om en historie jeg engang hørte om en mand, som mødte en gammel ven, mens han gik på gaden. Han udspionerede personen foran sig, og selvom han næsten ikke kunne genkende ham, var han sikker på, at det var hans gamle ven. Han skyndte sig frem for at hilse på ham, dunkede ham på ryggen og råbte: "Hej Joe! Hvordan har du haft det, gamle ven? Jeg har ikke set dig i evigheder. Jeg kunne næsten ikke genkende dig. Du har taget næsten 30 kilo på i vægt. Du ser ud som om, du også er vokset et godt stykke i højden. Og jeg kan se, du også har fået plastikkirurgi på næsen. Du har endda farvet dit hår! Jeg kan ikke tro mine egne øjne"!

Den totalt forvirrede mand svarede: "Undskyld, men mit navn er ikke Joe."

Forfærdet svarede den første mand: "Min Gud! Du har endda forandret dit navn".

Uanset hvor tydeligt et bevis vi har lige foran os, kan vi på samme måde som manden i historien altid manipulere med det mentalt og få det til at passe ind i vores forudfattede forestillinger, så vi ikke behøver at forandre vores handlinger eller tankemønstre. Selvom Ammas ord og vejledning er den bedste måde for os for at vågne op og fjerne uvidenhed, vil vores sind forsøge at se bort fra facts og finde måder at retfærdiggøre egne ideer og holdninger.

For eksempel fortæller Amma os altid, at vi ikke skal være kede af det og gruble over fortiden eller være bekymrede og frygte fremtiden. Efter at have hørt det sagde en universitetsstuderende en gang til Amma: "Efter du fortalte os, at vi ikke skal bekymre os om fremtiden, har jeg besluttet ikke at læse op til de kommende eksamener. I stedet for vil jeg se film og surfe." Det er helt åbenlyst en misfortolkning af Ammas lære.

Det er ligesom historien om lægen som besluttede sig for at fortælle en patient sandheden om hans tilstand. "Hvis du vil høre kendsgerningerne, så tror jeg ikke, du har lang tid tilbage. Du er en meget syg mand. Er der nogen, du ønsker at se nu?" Idet han bøjede sig ned mod sin patient, hørte lægen ham svare med en svag stemme: "Ja"

"Hvem er det?"

Med en lidt stærkere stemme, sagde den døende mand: "En anden læge".

Det er historien om vores forhold til Amma. Heldigvis giver Amma os uendelige muligheder for at lære og hjælper os til at forandre den måde, vi tænker på. Hun har endog sagt, at Hun er klar til at tage et hvilket som helst antal liv for at hjælpe sine børn.

Gennem Hendes lære og Hendes livs eksempel fjerner Amma vores forudfattede ideer om virkelighedens natur og erstatter dem med et klart syn på verdens natur og vores Sande Selv. Herudfra kan forståelse, fred, kærlighed og positive dyder som tålmodighed, godhed og medfølelse naturligt blomstre frem i os.

Kapitel 3

Den foranderlige verden og det uforanderlige Selv

En dag besluttede den hebraiske kong Salomon sig for at ydmyge sin mest betroede minister. Han sagde til ham: "Benaiah, der er en bestemt ring, som jeg ønsker, at du skal bringe til mig inden for seks måneder."

"Hvis den eksisterer noget sted på jorden, Deres Majestæt," svarede Benaiah med overbevisning, "så vil jeg finde den og bringe den til dig. Men hvad er det, der gør denne ring så speciel?"

"Den har magiske kræfter," svarede kongen og holdt masken. "Hvis en glad mand ser på den, bliver han ked af det, og hvis en trist mand ser på den, bliver han glad." Salomon vidste, at ingen ring af denne type fandtes i verden. Han ønskede at give sin minister en lille smagsprøve på ydmyghed og sendte ham derfor ud på en umulig mission.

Foråret gik, og siden gik også sommeren, og selvom han havde søgt både vidt og bredt i hele riget, havde Benaiah stadig ingen ide om, hvor han kunne finde ringen. Natten før de seks måneder var omme, hvor han vidste, at han var nødt til at vende tilbage til kongen med et nederlag, besluttede han sig for at gå en tur i en af de fattigste dele af Jerusalem. Han kom forbi en ældre handelsmand, som var begyndt at stille dagens varer frem på et tarveligt tæppe. Uden at have noget at miste spurgte Benaiah: "Har du ved noget tilfælde hørt om en magisk ring, som får den glade ejer til at glemme sin glæde og ejeren med det bristede hjerte til at glemme sin sorg?" Den gamle handelsmand sagde ikke et ord, men tog en simpel guldring fra sit tæppe og indgraverede noget på den. Da Benaiah læste ordene på ringen, lyste hans ansigt op i et stort smil.

Den nat gik Benaiah hen til kongen, som var ved hoffet med alle sine ministre. "Nå, min ven," smilede Salomon med selvtilfredshed, "har du bragt mig det, jeg sendte dig ud efter?" Alle ministrene lo triumferende og inderligt, og de var ivrige efter at se deres ligemand indrømme sit pinlige nederlag.

Til alles overraskelse tog Benaiah den smalle guldring frem og sagde: "Her er den, Deres Majestæt." Så snart Salomon læste inskriptionen, forsvandt smilet fra hans ansigt. På ringen havde juveleren indgraveret ordene: "Også dette skal forsvinde". I det øjeblik indså Salomon, at al hans rigdom, magt og indflydelse i virkeligheden var flygtig, og at han ikke kunne flygte fra den kendsgerning, at han også selv en dag ikke ville være andet end støv.

I Dhammapada, siger Buddha:

> *Ikke i himlen*
> *Ej heller i havets midte*
> *Ej heller i bjergenes dyb*
> *Intet sted*
> *Kan du skjule dig fra din egen død*

Amma minder os altid om, at alle de ting, vi finder i verden omkring os, inklusive vores kroppe, er foranderlige og midlertidige. Men det er ikke meningen, at vi med denne erkendelse skal synke ned i fortvivlelse. Når vi forstår det i sammenhæng med, at vores Sande Selv er uforanderligt, evigt og i sin natur rummer den højeste lyksalighed, kan denne bevidsthed hjælpe os til at få styr på vores prioriteringer og inspirere os til at søge det højeste dharma, som er Selv-realisering. Amma siger, at vi altid giver førstepladsen til vores krop og sidste pladsen til Gud, eller vores Selv, hvor vi i stedet skulle give førstepladsen til Selvet. Hvis vi kan lære at give den passende værdi til vores krop og de andre ting i verden – og den passende værdi til vores Atman – kan vi bruge den forgængelige krop som et middel til at realisere den uforgængelige Atman. Selv om den skygge, der kastes af et træ dybest set er midlertidig, er den nyttig – vi kan stå i skyggen og få en midlertidig lindring fra den varme sol. Selv om kroppen og alle ting i verden er midlertidige, har de på samme måde hver og en sit nyttige formål. Problemet opstår først, når vi tillægger disse ting for stor betydning, eller forventer at få noget ud af dem, som de ikke er i stand til at give os.

I den indiske historie findes en stor og magtfuld konge, som blev kaldt Bhartrihari. Ligesom Kong Salomon lærte Bhartrihari en hård lektie om forgængelighed. Efter at han blev kronet til konge, var Bhartrihari så stærkt knyttet til sin hustru, dronning Pingala, at han brugte det meste af sin tid sammen med hende, endog på bekostning af sine kongelige pligter. Da en af hans rådgivere forsøgte at tale ham til rette, sendte Bhartrihari rådgiveren i eksil.

En dag tilbød en besøgende eneboer kongen en særlig frugt. Eneboeren fortalte kongen, at hvis man spiste denne frugt, ville man opnå evig ungdom. På grund af sin tvangsmæssige tilknytning til dronning Pingala spiste kongen ikke frugten selv, men han gav den til hende, fordi han ikke kunne udholde tanken om at se hendes ungdommelige skønhed forsvinde med tiden.

Dronningen tog frugten fra kongen og lovede ham, at hun ville spise den efter sit bad. Kongen vidste ikke, at Pingala var forelsket i en af paladsets staldkarle. Samme nat smuglede hun frugten ud af paladset og gav den til ham. Imidlertid tilhørte staldkarlens hjerte en lokal prostitueret, så han spiste heller ikke frugten, men gav den til sin elskede. Trods sit erhverv havde den prostituerede en følelse for dharma, og hun besluttede, at frugten ville være spildt på alle andre end kongen.

Dagen efter at kongen havde givet den velsignede frugt til sin hustru, gik den prostituerede hen til hoffet, hvor kongen holdt møde med sit hofråd, og tøvende tilbød hun frugten til kongen, mens hun forklarede ham om dens kraft.

Da kongen så frugten i den prostitueredes hånd, blev han forvirret. Han forlangte, at hun fortalte ham, hvor hun havde fået frugten fra. Hun tilstod, at hun havde fået den af paladsets staldkarl. Med det samme kaldte kongen staldkarlen til sit hof. Fordi han troede, at han kun kunne bevare sit liv, hvis han fortalte sandheden, tilstod han, at han havde fået frugten af dronningen.

Denne nyhed var et stort chok for kong Bhartrihari. På samme tid var det en velsignelse – han var nu i stand til at sætte sig ud over sin overdrevne tilknytning til sin hustru og indse at verdslig kærlighed har sine begrænsninger. Kongen frigjorde sig fra løftet om at opnå lykke via verdslige ting, opgav hele kongeriget med al dets magt og fornøjelse og trak sig tilbage til skovene i søgen efter den evige fred, som opnås ved bevidsthed om Selvet.

Det betyder ikke, at vi behøver at vente på et større chok i vores liv for at indse forgængeligheden af alt det, vi kalder vores eget. Vi kan med lethed få samme overbevisning ved at lytte til skrifternes ord og de Sande Mestre. Hvis det ikke er tilstrækkeligt, er der nok af beviser i verden omkring os.

Efter den ødelæggende tsunami i december 2004 var Ammas kommentar, at tsunamien var en advarsel, men at ingen hørte den. Hun opfordrede de fastboende i sin ashram såvel som andre til at reflektere over, hvad man kan lære af tsunamien.

"Uventede situationen som denne lærer os, at intet virkelig er vores," sagde Amma på det tidspunkt. "Vi klynger os til ting og mennesker, fordi vi tror, at de er vores egne, men den slags situationer afslører, at intet er vores, selv vores eget liv kan vi ikke holde fast i."

"Lige efter at vi har været vidner til en trafikulykke, som er sket foran øjnene af os, bliver vi mere påpasselige. Sådanne situationer skaber en indre opmærksomhed. Denne opmærksomhed viser os vejen – den viser os, hvordan vi skal gå fremad."

"Vi holder fast på tanken om "mig" og "min". Alle siger: "Jeg har gjort dette, jeg har gjort hint", men hvor kommer "jeg" fra? Vi ser kun solen gennem solens lys. Hvad vi kalder vores eget er i virkeligheden ikke vores – hvad Han giver, tager Han også. Han giver, og vi accepterer. Og når Han ønsker det, tager Han tilbage… det er med denne indstilling, at vi skal acceptere alle livets situationer."

Ammas ord minder om den inspirerende reaktion, der kom fra landsbyboerne i Gujarat efter det ødelæggende jordskælv i 2001, som jævnede hele landsbyer med jorden. De fleste familier havde mistet et eller flere familiemedlemmer såvel som tag over hovedet. Da Amma besøgte dem og spurgte, hvordan de havde det, svarede de med en overraskende sindsro og ligevægt. "Vi har det godt," sagde de til Amma. "Hvad Gud gav, tog Han tilbage igen".

Når vi nyder verdens ting, oplever vi en midlertidig glæde. I stedet for at tillade den midlertidige nydelse at øge vores tro på verden, skal vi huske, at livet er som et pendul, og når vi oplever glæde, er pendulet blot ved at opnå momentum for at svinge tilbage mod sorg. Amma siger, at sand fred og tilfredshed kun kan findes, når pendulet bliver stille i midten. Det er ikke bare en tilfældig lov, det er det logiske resultat af, at vi for at finde glæde ikke kan forlade os på ydre omstændigheder. Når omstændighederne forandrer sig, vil vi opleve sorg. Selvom omstændighederne ikke forandrer sig, vil glæden ikke vare ved. For eksempel kan vi nyde at se en bestemt film. Men lad os forestille os, at nogen fortalte os, at filmen ville fortsætte for evigt, og at vi aldrig ville være i stand til at forlade biografen. Vores glæde ville forsvinde på et øjeblik. Eller måske elsker vi at spise is. Men hvor meget is kan vi spise, før vi føler os syge? Der vil altid være et punkt, hvor vi ikke kan tage den næste skefuld. Det viser, at glæde ikke er iboende i den slags ting og erfaringer – og at selv den blege glæde, vi kan få fra verden, er flygtig. Den eneste måde at finde sand glæde er ved at se indad og finde det uforanderlige Selv.

Almindelige mennesker oplever kun glæde gennem et ydre middel – typisk gennem sanselig nydelse af en eller anden slags, ved at høre rosende ord eller ved at nå et bestemt mål. En Mahatma[1]

---

[1] Mahatma betyder bogstaveligt, "Stor Sjæl." Selv om betegnelsen nu bruges i mere bred forstand, refererer Mahatma i denne bog til en, som forbliver i permanent viden om, at han eller hun er et med det Universelle Selv eller Atman. Alle Satguruer, eller Sande Mestre, er Mahatmaer, men ikke alle Mahatmaer er Satguruer. I mange tilfælde udviser Mahatmaer ingen interesse i at opløfte andre, men foretrækker at bruge al deres tid opslugt i Selvets lyksalighed. En Satguru er

er derimod i stand til at opleve følelsen af glæde uden noget ydre middel. Da Amma var tvunget til at leve i det fri og udholde skarp sol og øsende regn såvel som skældsord og endda forsøg på at dræbe hende, sad Hun i timevis fordybet i sin meditation. Hvordan ville vores tilstand være, hvis vi var i en tilsvarende situation? Vi ville ikke kunne hvile os, før vi havde fundet et dejligt hotel eller i det mindste en ven, vi kunne være hos. Vores næste mål ville være at få noget at spise, helst sammen med en ven, som vi kunne fortælle alt det uretfærdige, der var sket. Men Amma var ikke besværet af alle de hårde omstændigheder. Selv om Hun ikke havde mad, husly eller nogen Hun kunne kalde for sin ven, var Hun fuldt ud tilfreds. Amma har ikke behov for noget ydre middel for at være tilfreds, og alligevel er Hendes tilfredshed langt dybere end vores.

Uanset om vi er opmærksomme på det eller ej, har vi altid en tro på nogens eller nogets evne til at give os lykke. Vi søger tilflugt i noget og håber, at det vil føre os nærmere lykken. Hvis det ikke er den ene ting, er det en anden ting. Amma siger, at vores "tilflugtssted" ganske enkelt er dét som vores sind konstant er draget imod og der hvor tankerne naturligt flyder hen – der hvor vores sind konstant dvæler. Hvis vi holder denne definition for øje, er det ikke svært at se, hvor vi søger tilflugt: i de ting vi ejer, vores job, vores venner, fornøjelser, og vores følelser. Er det ikke den slags ting, vi tænker på hele tiden?

Før han opdagede, at tungsten var en effektiv glødetråd i el-pærer, siger historien, at Thomas Edison udførte mere end 2000 forsøg, hvor han brugte materialer, som ikke kunne lede elektricitet og skabe lys. Mange andre videnskabsmænd latterliggjorde hans anstrengelser og sagde: "Selv efter at have udført 2000 eksperimenter har du ikke været i stand til at bevise noget."

Edison svarede: "Det passer ikke – jeg har bevist at disse 2000 materialer ikke vil virke!"

en som, mens han eller hun til stadighed erfarer Selvets lyksalighed, vælger at gå ned på almindelige menneskers niveau for at hjælpe dem til at vokse spirituelt.

Ligeledes skal vi ikke have det dårligt over at søge efter lykke i verdslige ting, så længe vi lærer den rigtige lektie. Men ligesom videnskabsmænd, der følger i Edison's fodspor ikke behøver at udføre de samme 2000 eksperimenter, behøver vi heller ikke blive ved med at søge efter lykken uden for os selv, hvis vi er klar til at følge i de Store Mestres fodspor.

Det er bemærkelsesværdigt, at selvom de ting, vi finder i verden, har en begrænset evne til at gøre os glade, har de en ubegrænset evne til at medføre smerte og lidelse. De af os, som søger glæden via cigaretter, får med tiden lungekræft og dør en tidlig død efter en langvarig sygdom. De mennesker, der oplever, at lykken er hos deres elskede, vil måske begå selvmord, hvis den person forlader dem til fordel for en anden. Alle ønsker at bo i et stort hus – jo større des bedre – men jo større huset er, des mere reparation og vedligeholdelse er der.

I Tao Te Ching, siger Lao Tzu:

Søgen efter penge og sikkerhed
vil knuge dit hjerte
Søgen efter andre menneskers anerkendelse
vil gøre dig til deres fange

Selv før han blev til Buddha (den oplyste), havde den unge prins Siddartha et mere klart syn på den verdslige glædes natur end mange andre. Det er måske derfor, han kaldte sin søn "Rahula", som betyder lænke eller trældom. Det lyder måske hårdt, medmindre vi tænker dybere over vores egne erfaringer og oplevelser. Vi tror måske, at et lille barn er en kilde til endeløs glæde, men hvad sker der, når barnet kommer i trodsalderen som to-årig? Når barnet sidenhen bliver teenager, kan han eller hun komme i dårligt selskab, blive en bølle eller endda hade sine forældre. Der er mange tilfælde, hvor børn forkaster deres forældre, så snart de er blevet voksne. Og det vi troede skulle være en kilde til uendelig stor glæde, blev i stedet en kilde til dyb smerte.

Det behøver ikke betyde, at vi ikke skal have børn eller ikke skal søge glæde i den ydre verden, men vi skal forvente ulykke såvel som lykke og forberede os på at møde begge dele med ligevægt i sindet. Vi skal altid huske ikke at forvente for meget fra noget eller nogen, og huske at det kun er Gud, som altid vil være med os. Med andre ord er det i orden at nyde de flygtige ting i verden omkring os, men vi skal ikke søge tilflugt i dem. I stedet skal vi lære at søge tilflugt i – det vil sige at lade vores tanker søge mod – Gud eller Guruen. For er det ikke fornuftigt kun at søge tilfugt i noget, der aldrig forlader os?

Ligesom en slangetæmmer ved, at det er slangens natur at bide, er vi nødt til at acceptere, at det er den menneskelige natur at forandre mening, indstilling og holdning. Vi skal aldrig forvente, at en person, en ting eller en situation vil forblive den samme. At leve med denne forståelse og handle ud fra den er at leve på en intelligent måde. Amma giver som eksempel, når man skifter gear i en bil. Når vi skal op ad en stejl bakke, kommer vi ikke frem, medmindre vi sætter bilen i et lavt gear. Og når vi kører stærkt, vil vi ødelægge motoren, hvis vi ikke skifter til et højere gear. Når vi kommer ud for forskellige situationer i livet skal vi på samme måde være i stand til at tilpasse vores sind til situationen og acceptere hvad der end sker med sindsligevægt.

Ingen ønsker at opleve smerte, end ikke kortvarigt. Men det gør os ikke tilfredse bare at fjerne alle sorgerne; vi ønsker også at opleve varig glæde. En gang kom en ung mand hen til mig og sagde: "Jeg har ingen problemer eller sorger, men jeg føler mig alligevel ikke tilfreds. Der mangler noget i mit liv. Jeg har prøvet at gøre mange ting, men har endnu ikke forsøgt mig med spiritualitet. Det er derfor jeg kommer." Denne unge mand havde ikke nogen problemer, han skulle løse, men alligevel følte han sig ikke hel. Han håbede med rette, at spiritualitet ville indeholde nøglen til at udfylde det uforklarlige tomrum i hans liv.

Varig glæde kan ikke opnås via noget, der ikke varer ved. Situationer og ting i verden forandrer sig hele tiden, og vores opmærksomhed plejer at være fokuseret på og identificeret med de skiftende omstændigheder. Resultatet er, at vi bliver påvirkede af det, hver gang omstændighederne forandrer sig. Det ligner det, der sker, når vi ser en film. De forskellige begivenheder i filmen påvirker os følelsesmæssigt, endog psykologisk. I landsbyerne i Tamil Nadu er der filmstjerner, som er så populære, at nogle blandt filmpublikum bliver helt identificeret med deres karakter. Hvis helten får den mindste lille skramme under en kampscene, er der tilskuere, som smider flasker og sten på filmlærredet. Hvis helten eller heltinden græder midt i en følelsesmæssigt oprivende scene, kan man høre mange tilskuere snøfte rundt omkring i biografen.

Publikum bliver så involveret i fortællingen, at de sætter deres kritiske sans til side og lader sig opsluge i dramaet, selv om hændelserne i filmen kan være helt urealistiske. Jeg hørte om en film med en scene, hvor helten og skurken udveksler pistolskud, indtil helten løber tør for kugler. Da han bliver klar over sin pludselige fordel, sigter skurken og affyrer en masse skud, så helten bliver ramt i låret. Publikum er rasende og overvejer endda at brænde biografen ned. Men i næste øjeblik hiver helten den kugle ud af sit lår, som skurken har ramt ham med, han sætter den i sin egen pistol, skyder og dræber skurken. Publikum bryder ud i et tordnende bifald, og ingen virker til at være generet af det absurde i scenen.

Midt i alt dette røre er der noget, som er helt involveret i filmen, men samtidig slet ikke påvirket. Det er filmlærredet. Uden lærredet kan filmen ikke vises. Men det forbliver helt upåvirket, det er den uforanderlige baggrund for alle de skiftende scener i filmen.

På samme måde findes der en uforanderlig baggrund for alle de erfaringer vi har igennem i livet. Det er Atman eller Selvet. Dette Selv viser sig i form af den opmærksomhed, der gør os i stand til at opfatte verden omkring os, såvel som vores egen krop, gennem følelser, ønsker og oplevelser af det vi bliver tiltrukket og frastødt af. I virkeligheden er vi ikke de skiftende mentale former; vi er den uforandelige opmærksomhed bag alle formerne.

I stedet for at identificere os med det uforanderlige Selv, identificerer vi os altid med forskellige erfaringer, og på den måde bliver vores liv som en følelsesmæssig rutsjebane. Derfor lider mange af os af en form for identitetskrise. Ikke en identitetskrise i den forstand vi normalt plejer at tænke på det og som er relateret til vores erhverv, personlighed eller forhold til andre – det går meget dybere. Selv om vi ikke har synlige symptomer på identitetskrise, lider vi i en dybere forstand alle af en forvirring om vores identitet i forskellig grad.

Jo mere vi identificerer os med vores Sande Selv, des mindre lider vi. Mahatmaer lider aldrig af nogen form for identitetskriser. I den dybeste forstand, vil kun et Selv-realiseret menneske kunne hævde ikke at have en identitetskrise. Som Amma siger det: "Der var aldrig noget tidspunkt, hvor Amma ikke vidste, hvem Hun var."

Da Amma var en ung kvinde, truede nogle af de landsbyboere, som var krænkede over Ammas mærkelige, uortodokse adfærd og samtidig misundelige på hendes voksende popularitet, med at dræbe Hende; de holdt endog en kniv op foran hende. Amma var helt upåvirket af deres trusler. Hun stod foran dem og erklærede tappert: "I kan dræbe denne krop, men I kan ikke røre Selvet."

Selv i dag er Ammas indstilling til sådanne situationer forblevet uændret. I august 2005 da en fremmed kom hen til Amma med en skjult kniv og tilsyneladende med den hensigt at tage Hendes liv, var Amma helt uberørt. Hun rejste sig ikke engang eller gik væk fra scenen, men Hun fortsatte med at synge bhajans (hengivne sange) og senere samme dag gav hun Devi Bhava darshan[2] som planlagt.

Selv om beboere i hendes ashram og hengivne fra hele verden var meget urolige og bekymrede, tog Amma situationen med lethed. Senere på dagen svarede Hun på spørgsmål fra nogle journalister, som var taget hen til ashrammen kort efter angrebet, der var blevet standset. Med et ubekymret smil sagde Amma til journalisterne: "Jeg

---

[2] Amma giver regelmæssigt en speciel darshan, hvor Hun viser sig i Den Guddommelige Moders påklædning og sindsstemning. På det tidspunkt er hun fuldt identificeret med Gud i form af Den Guddommelige Moder. Tidligere plejede Hun også at give darshan i Krishna Bhava.

har ikke nogen reaktion på denne hændelse. Jeg er slet ikke bange for døden... hvad der end skal ske, vil ske, når tiden kommer. Jeg ønsker bare at gøre, hvad jeg er nødt til at gøre. Vi skal alligevel alle dø en dag. Derfor er det bedre at blive slidt op, mens vi arbejder for andre, end at ruste op."

Selv midt i utallige verdslige anliggender, bevarer Amma altid et spirituelt perspektiv. Vores fokus forbliver derimod på det verdslige niveau, selv når vi udøver spirituel praksis.

Amma siger, at hele formålet med spiritualitet er at skabe et skift i vores opfattelse: fra det verdslige til det spirituelle, fra det ydre til det indre. På grund af vores manglende evne til at forandre vores opfattelse, spilder vi en stor mængde tid og energi på at forsøge at løse vores problemer.

Det er på grund af manglende mental rummelighed, at vi er ude af stand til at møde livets omstændigheder. Som Amma ofte siger, er der tre måder, som vi plejer at håndtere livets ubehagelige omstændigheder på: at løbe væk, at tolerere dem men samtidig at beklage sig over dem, eller forsøge at forandre omstændighederne. Ingen forsøger at forandre hvad Amma kalder deres manasthiti (mentale holdning) for at møde livets udfordringer. Det er denne proces, hvor vi forandrer vores mentale holdning, og ikke vores ydre omstændigheder, der giver os den mentale rummelighed. Som det er nu, er det samfundet og kulturens udadvendthed ,som får mennesker til udelukkende at finde årsagen til deres problemer i det ydre. Vi forsørger kun sjældent at lære, hvordan vi kan vende opmærksomheden indad, udvide sindets rummelighed og løse problemer på den måde.

Det er sandt, at løsningen på nogle problemer, f.eks. sult eller behovet for husly, kan findes uden for os selv. Men selv i det tilfælde, er en ydre løsning ikke altid tilgængelig. I ashrammens første tid, var der mange gange ikke meget tilbage at spise til Amma og bramacharierne (ugifte disciple) efter at de hengivne havde fået mad. Og alligevel var der meget hårdt fysisk arbejde at gøre og ingen andre, som kunne gøre det. På en eller anden måde, takket være den inspiration vi fik fra Amma, blev vi i stand til at opbyde udholdenhed til både at gøre spirituel praksis ved siden af det fysiske arbejde, selv med kun lidt at spise.

Alt afhænger af det, vi har lært, som betinger vores måde at møde livet på. Amma siger, at spiritualitet lærer sindet at tilpasse sig en hvilken som helst omstændighed og finde den indre glæde, som er uafhængig af, hvad der sker omkring os. I virkeligheden kan løsningen på de fleste problemer i vores liv kun komme indefra. For eksempel problemer, der opstår på grund af følelser som vrede, had, skuffelse eller jalousi. Der er ingen ydre løsninger på disse problemer, vi er nødt til at finde løsninger inde i os selv. Hvis vi søger ydre løsninger på de problemer, kan det føre til endnu flere problemer i fremtiden.

For nylig kom en mand fra Vesten til Amritapuri for at slå sig ned. I Vesten havde han igennem mange år boet alene, men da han kom til ashrammen, var han nødt til at dele værelse med en anden person. Det var dér, han opdagede, at han var meget lydfølsom. Værelseskammeraten arbejdede på en bærbar computer i værelset, og den nyligt tilkomne opdagede, at klikkene fra værelseskammeratens elektroniske mus virkelig forstyrrede ham, når han forsøgte at meditere. Han ønskede ikke at bede værelseskammeraten om at standse sit arbejde, så han besluttede sig for at købe en speciel stille mus til værelseskammeraten. Herefter troede han, at han ville være i stand til at meditere og studere i fred. Men da klikkene fra musen var væk, blev han pludselig opmærksom på en rumlende lyd fra en ventilator, der roterede i rummet under ham. Efter uger med hvileløs meditation og nætter, hvor han vendte og drejede sig, besluttede han sig omsider for at købe en lydløs ventilator til underboerne. Så var han virkelig sikker på, at der ikke længere ville være nogen forstyrrelser. Men da den rumlende lyd fra ventilatoren var elimineret, blev han opmærksom på tsunami hjælpearbejdet, som foregik i det omgivende område, hvor mange lastbiler kørte forbi på vejen ved siden af ashrammen. Larmen fra trafikken forstyrrede ham meget, men han vidste, at det ikke ville være muligt at købe en hel masse lydløse lastbiler. Omsider indså han, at han havde forsøgt at løse et indre problem med en ydre løsning, og at det han virkelig var nødt til at gøre var at nedsætte sin egen indre følsomhed over for støj.

Mange af os beder til Amma om løsninger på vores problemer, og selvfølgelig er Amma glad for at hjælpe os gennem Hendes guddommelige vejledning. Men for hvert nyt problem er vi nødt til at finde en ny type løsning. Den bedste form for hjælp vi kan modtage er en løsning, der virker på mange af vores problemer. Den omfattende løsning er det skift i vores holdning, som Amma arbejder for at tilvejebringe i os. Hvordan kan et enkelt holdningsskift gøre så stor en forskel?

Forestil dig, at der er to bølger. Den ene bølge er en uvidende bølge, og den anden er en vis bølge. Den uvidende bølge anser sig selv for ikke at være andet end en bølge og tænker: "Jeg er en bølge af denne størrelse, jeg er opstået af en anden bølge på det og det tidspunkt, og jeg vil forsvinde i den nære fremtid."

Den vise bølge tænker anderledes: "Jeg er slet ikke nogen bølge. "Bølge" er bare et navn, der er blevet givet til mig. Jeg er essentielt set vand, og som vand blev jeg aldrig født som bølge. Jeg har altid været vand, jeg er vand nu, og jeg vil altid være vand. Selv om denne bølge forsvinder, vil jeg stadig eksistere som vand."

Den uvidende bølge ser på sig selv som en dødelig bølge, mens den vise bølge ser på sig selv som det udødelige vand.

I det øjeblik den uvidende bølge ser på sig selv som en bølge, vil den se alle former for forskelle i de andre bølger. Den vil se andre bølger som forskellige fra sig selv, som potentielle konkurrenter – store eller små, fredelige eller voldsomme – og det vil skabe konkurrence, jalousi, grådighed og andre negative følelser.

Den vise bølge ser på sig selv som vand og også på andre som vand. Den ser alt som vand alene – den ser ingen forskel mellem sig selv og de andre bølger, eller mellem sig selv og havet.

På samme måde ser et vist menneske alting og alle som hans eller hendes eget Selv, mens et uvidende menneske ser alting og alle som adskilt og forskelligt fra ham eller hende. I det vise menneske vil

45

det fysiske øje se forskelle mellem former, men gennem visdommens spirituelle øje, vil et sådant menneske se alt som den samme Atman.

Kort tid efter at jeg begyndte at opholde mig i ashrammen, tog jeg hen for at klare et ærinde for ashrammen i Bangalore. På vejen tilbage var jeg nødt til at køre gennem et område med byggeri, hvor det meste af vejen var blokeret. Der var kun en smal passage tilbage, hvor biler kunne passere forbi i hver retning. Mens jeg kørte ned af den smalle passage, lagde jeg mærke til en lastbil, som styrede hen imod mig uden noget synligt tegn på, at chaufføren ville gøre plads, så min bil kunne komme forbi. Jeg besluttede mig for at svinge halvvejs ud af lastbilens bane, idet jeg gik ud fra, at lastbilchaufføren ville følge den uskrevne regel på vejen og også give plads i en vis udstrækning. Men denne lastbilchauffør nægtede at dreje blot det mindste til siden. Jeg blev irriteret over hans arrogance og pressede fremad på den bane, jeg havde valgt. Jeg var sikker på, at så kunne jeg i det mindste få ham til at flytte sig en lille smule. Men til sidst blev det tydeligt, at han overhovedet ikke var villig til at dreje bare en anelse ud til siden, og jeg besluttede at det var bedre at være, det man i Vesten kalder for en "kylling" og selv vige ud til siden. For hellere være en levende kylling end død. Jeg ville godt have mulighed for noget mere tid sammen med Amma.

Da lastbilchaufføren var passeret, vendte jeg bilen om og forfulgte ham. Jeg var rasende over hans hensynsløse og egoistiske kørsel og besluttede mig for at give ham en lektie. Jeg overhalede ham og kørte flere kilometer frem, mens jeg øgede afstanden mellem os. Så vendte jeg bilen og stod ud, mens jeg ventede på, at han skulle køre forbi. Da jeg så ham komme, tog jeg en stor sten fra vejkanten og kastede den mod hans forrude, som gik i stykker. Så gik jeg ind i min bil og kørte hurtigt afsted.

Jeg vendte tilbage til ashrammen så hurtigt jeg kunne og var ivrig efter at fortælle Amma om min heltemodige bedrift. Men da Amma hørte historien, var Hun meget bestyrtet og Hun irettesatte mig. "Ved du hvor meget, det sårer mig at høre, hvad du har gjort? Nu står den stakkels lastbilchauffør med udgifterne til en ny forrude." Så stillede Amma mig et spørgsmål, som jeg ikke kunne svare på: "Ville du have gjort det samme, hvis det var Amma, som havde siddet i lastbilen?" Da Amma sagde det, gik vinden ud af mine sejl. Jeg hang skamfuldt med hovedet. Amma er i stand til at acceptere alle, som de er, fordi Hun ser alle som sit eget Selv. Hvis vi ikke er i stand til at se vores eget Selv alle vegne, kan vi forsøge at se vores elskede Amma i alle og se dem som Ammas børn. Det vil helt sikkert forandre vores holdning, nedsætte antallet af problemer og konflikter i vores liv og hjælpe os til at være mere tålmodige og medfølende i alle livets forhold.

Kapitel 4

Det højeste dharma

Nogle gange spørger folk Amma: "Er det ikke nok at være et godt menneske og føre et dharmisk (retskaffent) liv? Hvis jeg ikke skader nogen og ikke har nogen dårlige vaner, hvorfor skal jeg så udøve spirituel praksis?" For at kunne svare på det spørgsmål, må vi først få en forståelse af, hvad dharma er, og hvad det vil sige leve et dharmisk liv. Ifølge skrifterne eksisterer der faktisk flere forskellige typer dharma. Når der refereres til et "dharmisk liv", vil spørgeren ofte kun referere til én type dharma: at føre et moralsk redeligt og retskaffent liv – ikke at snyde, ikke at stjæle, ikke at dræbe eller skade andre, at sige sandheden, etc. Selvfølgelig skal alle overholde disse moralske værdier, som er universelt kendte i alle samfund, kulturer og epoker. Men at overholde moralske værdier er ikke hele vejen til at leve et liv, som er fuldt ud dharmisk. Vi er nødt til at få en dybere forståelse af dharma og de forskellige betydninger af begrebet.

Den anden type dharma er specifik for vores tro eller religiøse baggrund. En muslim har andre regler og skikke end en jøde, og en kristen har forskellige forpligtelser set i forhold til en hindu. For eksempel, bliver muslimer bedt om at bede fem gange om dage, at faste ved dagslys gennem hele Ramadanen og at foretage en pilgrimsrejse til Mekka mindst en gang i deres liv. Hinduer kan faste en eller to gange om ugen, aflægge løfter om stilhed, blive oppe hele natten ved Shivaratri, have helligt tøj på, besøge templer og recitere deres mantra. Kristne og jøder har andre regler, som er særlige for deres trosretninger. For at være et dharmisk menneske i denne anden

49

forstand behøver vi ikke at følge reglerne i alle trosretningerne, vi behøver kun at følge reglerne i vores egen trosretning. I nogle tilfælde vil selv-realiserede mestre følge de skikke, som er foreskrevet i en bestemt trosretning for at være et eksempel for andre, selv om de er nået ud over behovet for at følge en bestemt skik og har transcenderet alle forskelle.

En tredje type dharma hænger sammen med vores position eller rolle i samfundet. For eksempel kan en soldat og en munk have hver deres dharma. Det ville være helt upassende for en munk at gribe til våben for at forsvare sit land. Men hvis en soldat nægtede det samme, ville han eller hun ikke følge det dharma, som hørte sig til hans eller hendes position. At følge dette dharma er at udføre de pligter, der er betroet os med oprigtighed og ud fra vores bedste evner. Når alle gør det, vil samfundet fungere godt, og alle vil trives.

Endelig er der det højeste dharma: pligten til at realisere vores Sande Selv, vores enhed med Gud. Ligesom den første type dharma, er det højeste dharma fælles for alle.

Amma siger at: "Uanset hvem vi er, og hvad vi gør, skal de pligter vi udfører i verden hjælpe os til at opnå det højeste dharma, som er enhed med det Universelle Selv. Alle levende væsener er en enhed, fordi livet er et, og livet har kun et formål. På grund af identifikation med kroppen og sindet kan man tænke: "At søge Selvet og opnå Selv-realisation er ikke mit dharma; mit dharma er at arbejde som skuespiller eller musiker eller forretningsmand." Det er i orden, hvis man forstår det på den måde. Men vi vil aldrig opnå fuldbyrdelse, medmindre vi retter vores energi mod livets højeste mål.

Hvis vi med oprigtighed følger vores dharma, begynder vi at overvinde vores følelser af tiltrækning og frastødning, vores selviskhed, jalousi, stolhed og andre negative kvaliteter. F.eks. er det en discipels dharma at følge Guruens forskrifter. Nogle gange vil Guruen bede disciplen om at gøre noget, han eller hun ikke ønsker at gøre.

En gang kom en ung mand til ashrammen efter at han var begyndt en karriere inden for film og fotografi. Han sagde til Amma, at han meget gerne ville være Hendes personlige videofotograf.

Amma lyttede til hans forslag og svarede, at Hun ønskede, at han skulle arbejde i kostalden. Det var det sidste, den unge mand havde lyst til at gøre, men fordi Amma bad ham om at gøre det, begyndte han lydigt at passe ashrammens køer. Men det var ikke let at få hans lyst til at lave film til at forsvinde. Mens han tog hånd om køernes daglige behov, begyndte han at lave en dokumentarfilm om køernes liv, han optog dem, når de græssede, sov og blev malket og deres andre aktiviteter. Da Amma hørte om det, huskede Hun ham på, at den søgendes dharma er at gøre hvilken som helst seva (tjeneste uden tanke på sig selv), der er blevet anvist til én, og at bruge resten af ens tid på meditation, mantra japa (at recitere mantraet), studier og bøn – at gøre noget andet er at gå ind på den spirituelle vej og sætte sig ned midt på vejen. Ved at følge Ammas instruktioner var den unge søgende i stand til at sætte sig ud over sine præferencer og vie sig helhjertet til det arbejde, Amma havde givet ham.

Ved at følge vores dharma med oprigtighed, vil vores sind blive mere rent og mere modent. Når vi har opnået en højere grad af mental modenhed, vil vi helt naturligt blive tiltrukket af spiritualitet og det højeste dharma, som er Selv-realisering. Samtidig er det kun vores spiritualitet, som kan give os styrken til at følge vores dharma under alle omstændigheder.

Yudhishthira er et eksempel. Det siges, at han var inkarnationen af dharma princippet i menneskelig form. Yudhishthira, den ældste af de fem Pandava brødre og den retmæssige arving til Kuru riget var blevet drevet ud i et 12-årigt eksil i skovene af hans fætter, Duryodhana, som var misundelig og havde overtaget kongemagten. Selv om Duryodhana havde vundet Pandavaernes eksil gennem forrædderi og alle Yudhishthiras brødre bad ham indtrængende om at vende tilbage til kongeriget og føre krig mod Duryodhana og hans brødre, Kauravaerne, insisterede Yudhisththira på at holde sit ord og forblive i eksil under hele perioden på 12 år. Først efter at denne periode var udløbet indvilligede Yudhishthira i at fjerne den uretskafne Kauravas fra magten og genvinde det, som retmæssigt var hans.

Det er kun ved at forstå de spirituelle principper og udøve spirituel praksis, at vi opnår den rette forståelse og den rette mentale indstilling, som kan få os til at blive ved med at udføre gode handlinger, uanset hvilken respons vi får.

En gang så helgenen Eknath en skorpion, som med besvær bevægede sig rundt i en vandpyt. Han besluttede sig for at frelse den ved at strække sin finger ud til den, men skorpionen stak ham. Eknath trak kortvarigt hånden tilbage i smerte. Efter et par øjeblikke forsøgte Eknath igen at redde skorpionen og hjælpe den ud af vandet, men skorpionen stak ham igen. Det fortsatte på den måde i et stykke tid.

Til sidst var der en tilskuer, som spurgte Eknath: "Hvorfor bliver du ved med at forsøge at rede skorpionen, når du ved, at den kun vil stikke dig til gengæld?"

Eknath forklarede: "Det er skorpionens natur at stikke; det er min natur at elske. Hvorfor skulle jeg opgive min natur, som er at elske, bare fordi det er skorpionens natur at stikke?" Til sidst blev skorpionen tryllebundet af kraften i Eknaths medfølelse, og den holdt op med at stikke ham. Med glæde tog Eknath fat om skorpionen og hjalp den op i sikkerhed på jorden.

Kun spiritualitet kan give os styrken til at blive ved med at elske og tjene andre, selv når de kun stikker os til gengæld. Som Buddha sagde: "Had kan aldrig på noget tidspunkt slukkes med had, had slukkes med kærlighed – det er den evige lov."

Da Amma stadig var en ung kvinde, gik Hun sammen med en anden ung kvinde fra landsbyen og samlede madrester fra naboerne til familiens køer. På den tid plejede mange mennesker i landsbyen at chikanere Amma; de troede, at Hun var sindssyg og ikke en inkarnation af det guddommelige. Mens de gik forbi et hus, råbte manden, der stod i døråbningen med høj stemme: "Hende Sudhamani (Ammas daværende navn) er så mærkelig, det ikke er noget under, at Hendes familie ikke kan finde en ægtemand til Hende. Eller er det, fordi de ikke har råd til en medgift? Hvis de ikke har pengene, vil jeg betale for det. Hun har bare brug for en ægtemand, som kan få hende på ret kurs..." Manden blev ved med at snakke videre på den måde, mens Amma og den anden unge kvinde gik forbi. Amma var fuldstændig uanfægtet af hans kommentarer, men den anden kvinde, som kendte Amma og troede på Hende som et guddommeligt væsen, blev meget ked af hans ord. Mens de gik videre, forsøgte Amma at trøste hende og sige, at vi ikke må blive påvirket af andre menneskers ord, at de kun viser deres egen natur, osv. Men kvinden var utrøstelig. Hun kunne ikke forstå hvordan manden kunne være så krænkende, og især ikke over for Amma.

Kort efter denne hændelse var det skæbnens vilje, at manden, som havde råbt på den måde efter Amma, blev fanget i en frygtelig storm, mens han var ud i sin båd for at fiske. To familiemedlemmer druknede og båden sank og blev knust mod stranden. På et enkelt øjeblik var hans levebrød ødelagt. Da han ikke kunne få hjælp noget andet sted, gik manden hen til Amma og bad om hjælp. Et almindeligt menneske ville måske have husket denne mands tidligere krænkelser og have sendt ham væk. Men selv om ashrammen på det tidspunkt havde meget få ressourcer at gøre godt med, gjorde Amma alt hvad hun kunne for at hjælpe ham til at komme på fode igen[3].

I kølvandet på tsunami katastrofen i 2004 kunne man se en tilsvarende historie udfolde sig på en langt større skala. Mange af landsbyboerne i området omkring Ammas ashram mistede alt den dag. I dagene efter katastrofen sagde Amma til sin senior discipel Swami Amritaswarupananda, at Hun planlagde at afsætte 23 millioner dollars til nødhjælp og rehabilitering af ofrene for tsunamien. Senere fortalte han, at han ikke troede sine ører, da han hørte det første gang. "Hvad!?" spurgte han forbløffet Amma. "23 millioner dollars! Hvor skal de penge komme fra?"

Amma var rolig. Hun sagde ganske enkelt: "De vil komme". Der var så meget vished og bestemthed i Hendes stemme. Der var ikke skyggen af tvivl. For et multinationalt firma ville en beslutning om

---

[3] Det skal ikke misfortolkes som om Amma på nogen måde var årsag til det uheld, der overgik ham. Selv om Amma var helt upåvirket var den anden unge kvindes uskyldige hjerte dybt såret over mandens ord. Mandens sårende ord vendte tilbage til ham som en smertefuld oplevelse.

at investere 23 millioner dollars tage måneder. Der ville være runder med bestyrelsesmøder og ekspertanalyser ville være taget i brug for at beregne risici og sandsynligheder for succes. Men for Amma er medfølelse det vigtigste. Hendes beslutning udsprang bare helt spontant. Ved et hjerteslag var beslutningen truffet. "De vil komme". Selv om mange af disse mennesker nådesløst havde drillet Amma som barn og endda kastet sten på Hende, da Hun var en ung kvinde, fik det ikke Amma til at tøve et øjeblik. Fra det tidspunkt vandet kom rullende ind – og på trods af at ashrammen havde været udsat for betydelige materielle tab – var Amma helhjertet dedikeret til at hjælpe landsbyboerne med at få alt det igen, de havde mistet. Det er kun Ammas viden om, at Hun er ét med Skabelsens Kilde, som tillader Hende at elske og tjene andre, uanset hvordan Hun bliver behandlet til gengæld.

En af de første spirituelt søgende, som besluttede at leve ved Ammas fødder, og søge tilflugt og vejledning hos Hende, er Swami Pranavamritananda Puri. Som en af Ammas Senior disciple, har han haft ansvar for forskellige af ashrammens afdelinger. Natten før han første gang skulle rejse fra Amritapuri i en længere periode, gav Amma ham et råd, som han siger, at han aldrig vil glemme. "Hvis du tager afsted med den overbevisning, at uanset hvor meget godt du gør for verden, vil ingen sige noget godt om dig," sagde Amma, "så bliver du aldrig skuffet".

Her påpeger Amma, at det ikke kun er handlingen, men også den indstilling vi handler med som er vigtig. Når vi gør gode gerninger, kan vi måske forvente at modtage anerkendelse eller gentjenester fra de, som tager imod vores hjælp. Når vi ikke får den respons, vi forventede, kan vi måske miste vores entusiasme og endda stoppe vores gode handlinger. Den følgende historie illustrerer denne pointe.

En gang kom en mand fra Mumbai for at se Amma i Amritapuri. Han havde tidligere givet en stor donation til ashrammen. Da han fortalte til de personer, der holdt styr på køen, at han var kommet for at se Amma, gav de ham et nummer og sagde til ham, at han kunne gå ud og spise sin frokost og slappe af, fordi han skulle vente et par timer, før det blev hans tur til at stå i kø og modtage Ammas darshan. Da manden hørte det, kom han med et vredt udbrud: "Ved I ikke hvem jeg er? Jeg gav så mange penge til ashrammen i Mumbai! Hvordan kan du stoppe mig på den måde?" Manden var så fornærmet, at han forlod ashrammen uden at modtage Ammas darshan.

Selv om manden havde et godt hjerte og gav en stor donation, forventede han særlig behandling og anerkendelse til gengæld. Skønheden ved hans gode handling blev ødelagt af hans fejlagtige indstilling, og det gjorde endda at han gik glip af Ammas darshan.

Jeg husker et andet eksempel på den holdning til at give, som er fra mine tidligste dage med Amma. Jeg arbejdede dengang i en bank, og der var ingen vegetariske restauranter i nærheden, så jeg vænnede mig til at springe frokost og aftensmad over. Efter morgenmaden fik jeg kun lidt te og nogle snacks om eftermiddagen. Dengang gav Amma under Krishna og Devi bhava en eller to skefulde payasam (sød ris-budding) som prasad[4] til hver person, der kom til darshan. Men når jeg gik til Ammas Devi bhava darshan om natten efter at være kommet tilbage fra banken, vidste Hun hvor sulten jeg var, og Hun gav mig en masse ekstra payasam. Herefter bad Hun mig om at blive og meditere i et stykke tid.

Der var i den periode en anden hengiven, som var meget misundelig på den opmærksomhed Amma gav til de første brahmacharier, og især var han misundelig på mig. En dag gav han Amma en ægte tigerskind asana (meditationstæppe)[5]. Men da Amma ikke ændrede sin behandling af mig og de andre brahmacharier, kom han en dag

---

[4] Enhver ting, som Guruen velsigner, kaldes prasad. Også det som ofres til Guruen eller Gud er velsignet og bliver derfor prasad.

[5] I gamle tider blev tigerskind asana brugt til Yogiers meditation. Tigerskind siges at bevare de positive spirituelle vibrationer, som skabes af den person, der bruger det; hvis man brugte en asana lavet af andre materialer, kunne vibrationerne gå lige igennem asanaen og ned i jorden. Nu hvor tigeren er blevet en truet dyreart, er der selvfølgelig ingen som bruger dem længere. Men skønt det var en sjælden og dyr ting, kunne man godt finde dem i starten af 80'erne. For en Selv-realiseret

med et frustreret udbrud: "Der er kun plads til Brahminer her!" Da han sagde det, tog han tigerskind asanaen fra det sted, hvor den var blevet lagt og forlod ashrammen. Herefter kom han kun meget sjældent for at se Amma. Selvfølgelig var mandens udsagn absurd. Amma har aldrig udvist nogen prefererence over for nogen på grund af kaste, religion eller noget andet. Amma udviste i virkeligheden heller ikke preference over for mig. Det var kun fordi der på det tidspunkt ikke var så mange af os omkring hende. Amma var interesseret i meditation og de kommende brahmacharier. De fleste mennesker var familie mennesker, som kun ønskede at fortælle Amma om deres problemer og gå hjem. De af os som holdt af at meditere, gav Amma særlig mulighed for at sidde ved siden af Hende.

Selv om manden havde givet Amma en overdådig gave i form af den sjældne traditionelle asana, blev skønheden ved hans gavmildhed ødelagt, og gaven blev taget tilbage, fordi han ikke fik den belønning, han forventede.

Stolthed og egoisme kan ikke kun ødelægge vores gode handlinger, men også vores gode kvaliteter. En gang nævnte Amma, at en bestemt brahmachari var meget ydmyg. Dagen efter sagde Amma, at en anden brahmachari havde meget ydmyghed, mens den første brahmachari stod tæt ved. Idet han hørte Ammas ord, protesterede han straks: "Amma, hvordan kan du sige det om ham? Jeg er langt mere ydmyg end han er!" I øjeblikkets hede erkendte brahmacharien ikke det ironiske ved at være stolt over sin egen ydmyghed.

Ydmyghed er en enestående kvalitet i og med, at når man påberåber sig at være ydmyg, er det et sikkert bevis på, at man ikke er det. Det er formentlig den mest vanskelige dyd at opnå. Amma siger, at en ægte søgende ikke skal forvente et eneste anerkendende ord. Alt for ofte er ydmyghed ikke at give afkald på stolthed, men at erstatte en stolthed med en anden – være stolt over ikke at være stolt. Vi skal omhyggeligt søge at være ydmyge men også erkende, at hvis

---

Mester som Amma, er et sådant materiale helt irrelevant. Uden at være klar over det, følte den hengivne, at han gjorde Amma en stor tjeneste.

vi nogensinde opnår ægte ydmyghed, vil vi være så uopmærksomme på os selv, at vi end ikke vil anerkende os selv for at være ydmyge. En gang gav Buddha det følgende råd til sine disciple: "Der er 80.000 forskellige former for uvidenhed i det menneskelige sind. Hvis I ønsker at tjene menneskeheden, skal I være forberedte på at acceptere 80.000 forskellige former for mishandlinger."

Da Amma igangsatte ashrammens byggeprojekt og tildelingen af gratis huse til hjemløse, sendte Hun mange brahmacharier ud for at tilse og udføre byggearbejdet. Da brahmacharierne vendte tilbage til ashrammen, beklagede enkelte af dem sig til Amma over at ham, der skulle modtage det nye hjem – som havde boet i en faldefærdig hytte opført i pap og tin – ikke syntes at være det mindste taknemmelig for hvad, der blev givet til ham. Selv om han ikke havde noget arbejde, nægtede han at hjælpe brahmacharierne på nogen måde. Han blev bare stående i nærheden og røg cigaretter, mens han uinteresseret så på. En aften efter at brahmacharierne havde arbejdet med beton bad de den fremtidige ejer af hjemmet om at vande beton for at holde det fugtigt natten over.

Hans svar var: "Det er ikke mit arbejde, og jeg vil ikke gøre det."

Bhrahmacharierne spurgte Amma: "Hvorfor skal vi gøre os ulejlighed med at bygge hjem til den slags mennesker?"

Amma svarede: "Børn, det er jeres pligt at bygge hjem. Derudover var denne person bare sig selv. Hvis han havde handlet på en anden måde, ville han være en anden." Med andre ord handler mennesker bare ud fra deres natur, og vi skal ikke forvente, at de handler anderledes.

Hvis disse brahmacharier ikke havde haft Amma til at rette på deres indstilling, ville de helt sikkert have mistet deres entusiasme og motivation for at tjene de fattige efter at de var blevet behandlet dårligt få gange. Med Ammas vejledning blev de i stand til at se oplevelsen som en mulighed for at udøve handlinger for handlingens skyld og for at opøve sindsligevægt – ved at gøre deres pligt uden at bekymre sig over, om deres anstrengelser blev mødt med taknemmelighed eller kritik.

Hvis vi yder velgørenhed eller gør nogen form for gode handlinger, mens vi forventer at modtage taknemmelighed eller anerkendelse, vil vi skabe mere karma for os selv, og – selvom det vil være god karma – er vi nødt til at opleve de (positive) resultater af disse handlinger. Hvor resultatet af skadelige eller negative handlinger kan blive sammenlignet med at være bundet af en jernlænke – eftersom vi er bestemt til at opleve de smertefulde resultater af vores negative handlinger – kan resultatet af gode handlinger udført med tanke på sig selv sammenlignes med at være bundet af en gylden lænke.

Uanset om vi er bundet af en gylden lænke eller en jernlænke, er vi i trældom. Selv om vi vil opleve succes, fremgang og behagelige oplevelser som resultat af handlingerne, vil vi stadig være fanget i cyklussen af fødsel og død. Der findes mennesker, som vier deres liv til at udføre gode handlinger og passende yagnas (ritualer) for at opnå adgang til himmelske verdener efter deres død. Men selv om det lykkes for dem, er eksistensen i himlen ifølge Sanatana Dharma ikke evig. I Katha Upanishaden hvor dødens herre, Yama, tilbyder den unge dreng Nachiketas indgang til det højeste område i himlen og lover ham de største nydelser i en virtuel evighed, siger Nachiketas nej tak til tilbudet. Han ønsker kun den viden om Selvet, der er det eneste, som kan frisætte ham fra cirklen af fødsel og død. Nachiketas vidste, at alle nydelser – i denne verden eller hinsides – er midlertidige og ultimativt set mangelfulde, og at når Sjælens fortjeneste er udtømt, vil den igen være nødt til at stige ned til jorden og lade sig genføde som menneske. På samme måde siger Herren Krishna i Bhagavad Gita:

te taṁ bhuktvā svargalokaṁ viśālaṁ
kṣīṇe puṇye martya-lokaṁ viśanti

"Efter at have nydt himmelens omfangsrige verden, vender de tilbage til de dødeliges verden."

IX.21

58

Det betyder selvfølgelig ikke, at vi skal holde op med at forsøge at tjene uden tanke på os selv, fordi vores indstilling ikke er fuldstændig uselvisk. Så længe vi udfører vores handlinger med dette mål for øje, bliver vores sind mere og mere rummeligt, indtil vi til sidst når et stadie, hvor vi er i stand til at tjene helt uden tanke på os selv. Amma siger: " Selv om vi ikke modtager den ønskede reaktion på vores gode handlinger fra andre, skal vi aldrig holde op med at gøre gode ting. Selv om ingen anerkender det, vi gør, vil der stadig være en positiv virkning af det".

Amma refererer til at enhver handling har mindst to resultater: et synligt resultat og et usynligt resultat. Et menneske kan respondere positivt eller negativt på vores gode handling; det er det synlige resultat. Men uanset det synlige resultat tilfalder der os for enhver god handling vi udfører en fortjeneste; det er det usynlige resultat. Så mens det synlige resultat kan være positivt eller negativt, er det usynlige resultat af handlinger, der følger dyderne, altid positivt. For eksempel, når vi giver mad til et sultent menneske, er resultatet at vi direkte opfatter, at personens sult bliver stillet. Det usynlige resultat er, at vi opnår en positiv fortjeneste for at udføre denne gode handling.

Mens vi husker at i det mindste det usynlige resultat af vores positive handlinger altid vil være positivt og uden at tillægge det stor vigtighed, om vi modtager ydre værdsættelse eller anerkendelse, skal vi altid gøre vores bedste for at overholde dharma og udføre dharmiske handlinger.

Der findes en speciel slags skildpadde som slæber sin hale over jorden, mens den går. Skildpadden gør det for at forhindre at potentielle rovdyr følger i dens fodspor. I en vis udstrækning virker det. Men visse rovdyr har opdaget dens teknik, og i stedet for at se efter skildpaddens fodspor ser de efter det mønster på jorden, som skabes af dens viskende hale.

For at gøre spirituelle fremskridt og i sidste ende blive frigjort fra bindingen til fødsel og død, udfører vi gode handlinger. Men hvis vi gør de rigtige ting med den forkerte indstilling, er vi som denne skildpadde. Vores forkerte indstilling er som halen, der udvisker de indtryk, der skabes af vores gode handlinger, men efterlader sit eget mærke som skaber ekstra bindinger for os. Det er derfor, Amma siger, at når vi har gjort noget godt, skal vi glemme alt om det med det samme.

Hvis vi drejer nøglen i en lås til den ene side, låser den. Når den drejes til den anden side, åbner den. På sammen måde vil handlinger udført med den forkerte indstilling låse os i samsara (cyklussen af fødsel og død), mens handlinger udført med den rette indstilling vil åbne samsaras lås og sætte os fri.

Del 2

At skabe et velsignet liv

"Må vores livs træ være dybt rodfæstet i kærlighedens jord.

Må gode handlinger være bladene på træet.

Må kærlige ord være dets blomster.

Må fred være dets frugter."

– Amma

Kapitel 5

At leve spirituelt

H vis vi læser skrifterne uden den rigtige vejledning eller forståelse, kan vi få den forkerte forståelse af, at de fem sanser på en eller anden måde er onde af natur. Men ved at se på Amma, indser vi, at det ikke hænger sådan sammen. Amma viser os, at vi kan bruge de fem sanser på en positiv måde – på en måde der fremmer, snarere end hindrer, vores spirituelle vækst.

Amma bruger ørerne til at lytte til lidende menneskers sorger, talen til at trøste og opmuntre dem, og øjnene til at kaste medfølende blikke på alle. Uanset hvordan omstændighederne er i vores liv, kan vi alle sammen forsøge at forpligte os til at tænke gode tanker, høre gode ting, tale kærlige ord og gøre gode handlinger.

I Ammas San Ramon ashram under Hendes USA rundtur 2005, kom der en dag en klage fra en tilhængers tre-årige søn, der var født ved Ammas velsignelse. Han stillede sig foran Amma og erklærede åbenhjertigt: "Jeg kan ikke lide nogen her i denne ashram."

I stedet for at afvise kommentaren som et barns sludder, tog Amma hans klage alvorligt. "Hvorfor, min søn? Er der nogen her, som har råbt af dig?"

"Nej, " svarede drengen.

Så spurgte Amma: "Ville du ikke føle dig ked af det, hvis de mennesker, der var her sagde, at de ikke kunne lide dig?"

Det var drengen enig i, at han ville være.

Så videregav Amma en livslang lære til drengen – og til alle de andre, som overværede udvekslingen, også drengens far. Mens Hun brugte hænderne til at understrege sin pointe, sagde Amma: "I alt du hører, i alt du ser, i alt du lugter, i alt du spiser...." og så vinkede Hun med hånden ud mod alle de mennesker, der var samlet i hallen, og fortsatte, "i mennesker alle steder... du skal føle Gud i alt." Selv til en treårig dreng lykkedes det på den måde for Amma at forklare, hvordan sanserne kan blive brugt på en positiv måde i livet.

På den måde lærer Amma os, hvordan vi kan omdirigere vores energi til et godt formål i stedet for at undertrykke den. Det er en meget vigtig teknik i spiritualitet. Hvis vi f.eks. forsøger at sætte en dæmning i en heftigt strømmende flod, er det en meget vanskelig proces, som måske kan forvolde skade på økosystemet og også os selv. Men hvis vi i stedet for omdirigerer flodens strøm en lille smule ved kilden, kan resultatet blive, at floden når et helt andet sted hen.

Amma beder os aldrig om at undertrykke vores tanker og lyster. I stedet omdirigerer Hun meget behændigt strømmen i vores sind, så den flyder hen mod Gud. Når vores sind strømmer mod Gud, vil al vores energi og alle vores handlinger helt naturligt tjene et højere formål. I stedet for at leve med tanke på os selv, vil vi blive mere uselviske og medfølende. Nydelse er ikke forkert; det er bare ikke godt, når den kun er rettet mod os selv. Det er for eksempel godt, at vi bruger tid og penge på nogle forlystelser. Men Amma siger, at i det mindste en del af vores tid og ressourcer skal bruges på at fremme de fattiges og trængendes sag.

I virkeligheden er det meget enkelt. Men i praksis har vi brug for konstant påmindelse og perfekte rollemodeller. Det er det virkelige udbytte vi kan få af en Mester som Amma. Amma bruger et velkendt eksempel. Hun siger, at Mesteren er ligesom en startraket, der hjælper os til at bryde fri af den negative bane, som er opstået på grund af vores dårlige tilbøjeligheder og egoistiske behov. Der var et russisk rumskib, som styrtede til jorden på grund af en fejl i dens startraket. Hvis vi er afhængige af en fysisk startraket, kan vi aldrig vide, hvornår den vil svigte os eller løbe tør for brændstof. Men Mesterens startraket vil aldrig svigte os, for Mesteren har den ubetingede kærlighed, som er et uudtømmeligt brændstof.

Hvordan kan vi bruge Ammas eksempel som startraket? Ved at være i nærheden af Amma, udvikler vi en kærlighed til Amma, eller i det mindste til de ting Hun gør. Når vi ser Ammas selvopofrelse, kan vi begynde at slippe vores forblindelse af de ting, vi kan sanse. Amma fortæller en historie, der handler om det. En gang fik en rig mand en privat samtale med Amma. Han plejede at sove i en luksuriøs seng, som havde kongelig størrelse, så han troede, at Amma også sov i en dejlig stor seng, efter at Hun i mange timer at havde givet darshan og anstrengt sig selv så meget. Da han fandt ud af, at Amma altid sover på det hårde gulv, var han chokeret. Han besluttede sig for at sælge sin luksuriøse seng og donere pengene til velgørenhed.

En gang kom en flok unge mennesker til ashrammen, mens Amma gav darshan. De fleste af dem var fulde, og en af dem var så fuld, at han kastede op ud over hele gulvet næsten lige efter at han havde fået Ammas darshan. De tilhængere, som sad i nærheden af Amma flyttede sig med væmmelse; selv hans egne venner syntes det var for ulækkert at være i nærheden af ham. Men Amma rejste sig med det samme fra sin stol og rensede drengens ansigt og bryst med sin egen sari. Så begyndte hun med bare hænder at gøre gulvet rent. Kort efter kom nogle tilhængere med en klud og en spand vand. Oplevelsen af dybden i Ammas kærlighed og ydmyghed fik de unge til at forandre sig. De fortrød deres opførsel i en sådan grad, at de helt holdt op med at drikke.

Amma viser os, at meningen med livet ikke kun er vores egen nydelse. Hun viser os et højere formål med livet, og viser os, hvordan vi kan bruge vores krop, sind og sanser til at opnå det.

I Keno Upanishaderne er der en påkaldelse af fred, som siger: "Lad alle mine lemmer være stærke og sunde, Åh Herre. Må min tale, åndedræt, øjne, ører og alle andre organer være stærke og sunde... Må jeg aldrig glemme den højeste Brahman, som gennem-strømmer hele dette Univers."

Det betyder: "Må mine fem sanser ikke bedrage mig ved at give mig viden om former og lyde; må de være stærke nok til at gennemtrænge de ydre navne og former og se Sandheden bag dem."

Amma fortæller den følgende historie. En gang tog en forretningsmand hen for at møde en Guru. Forretningsmanden fortalte Guruen at han havde mange penge, en kærlig hustru, lydige børn, men at han alligevel var ude af stand til at opleve fred i sindet. Guruen svarede: "Hvis du er interesseret, vil jeg give dig et mantra."

Forretningsmanden tog et stort bundt nøgler frem og sagde: "Det er nøglerne til alle de fabrikker, jeg har ansvar for. Hvordan skal jeg få tid til at sige et mantra?"

Guruen spurgte tålmodigt: "Går du i bad hver dag?"

"Selvfølgelig," svarede manden.

"Hvor langt væk er badeværelset fra din seng?" forhørte Guruen sig.

"Det er omkring 10 skridt," svarede han.

"Hvad gør du på vej til badeværelset?"

"Ikke noget. Jeg går bare."

"Når du er på vej til badeværelset, kan du så ikke sige dit mantra et par gange?"

Forretningsmanden sagde, at det kunne han godt.

"Og mens du tager dit bad? Har du også travlt der?"

Forretningsmanden indvilligede i også at huske sit mantra i badet.

Guruen rådede forretningsmanden til at gentage mantraet i sit stille sind, mens han børstede tænder, spiste morgenmad og gik ud til sin bil. Forretningsmanden fulgte Guruens råd med oprigtighed og efterhånden blev han i stand til at huske sit mantra i løbet af mange af sine daglige aktiviteter.

Den romerske filosof Seneca sagde: "Alle har tid, hvis de ønsker det. Forretninger løber ikke efter nogen; mennesker klynger sig til dem af fri vilje og tror, at det at have travlt er et bevis på lykke." Specielt i verden som den er i dag beklager mennesker sig tit over, at de har for travlt til at have tid til spirituel praksis eller føre et spirituelt liv. Men ligesom forretningsmanden kan vi undersøge vores liv og finde tiden til at huske Gud. Uanset hvor travlt vi har, er der mange små tidspunkter i løbet af en dag, hvor der er frirum til at gøre det. Det kan bare være få minutter, mens vi sidder i bussen eller venter i kø et eller andet sted, eller når vi er i gang med noget rutine arbejde, hvor sindet er frit til at huske mantraet. I stedet for at fylde fritiden med underholdning eller fortabe sig i tanker om fortiden eller fremtiden, kan vi lære at omdanne noget af vores tid til kvalitetstid. Hvis der er ventetid i telefonen, kan vi forsøge at være stille indeni og huske at vores sande natur er stilhed og fred. Hvis Amma er vores Guru, kan vi huske en smuk oplevelse, vi har haft med Hende, eller vi kan forestille os, at Amma sidder i vores hjerte. Når vi venter i kø på posthuset, kan vi forestille os, at vi venter i køen til Ammas darshan. (Men vær opmærksom på ikke at omfavne den ansatte på postkontoret, når han eller hun giver dig frimærkerne!)

Hvis vi ikke er typen, der synes den form for hengivenhed virker naturlig, kan vi i stedet for rette opmærksomheden mod åndedrættet og være bevidste om hver indånding og udånding. Det er en spirituel praksis, som skaber mere opmærksomhed i det indre.

Når vi fordyber den spirituelle praksis og forståelsen af spirituelle principper, skal vi være specielt omhyggelige med, hvordan vi bruger vores fritid. Vi kan for eksempel deltage i satsang (et møde for spirituelt søgende) eller lave frivilligt arbejde, når vi har fri om aftenen eller i weekenden. Hvis vi gør noget, der er spirituelt nyttigt i vores fritid, vil det rense sindet, og vi vil også hjælpe andre. Samtidig skal vi være opmærksomme på ikke at skabe nye vasanas[1]. Det kan vi gøre ved at læse spirituelle bøger, besøge Ammas ashrammer og centre og tilbringe tid sammen med tilhængere eller andre spirituelt søgende. At involvere sig i den slags aktiviteter hjælper til

---

[1] Vasana betyder bogstaveligt talt "tilbøjelighed". I denne bog bruges begrebet særligt til at betegne negative tilbøjeligheder. I sidste ende må alle tilbøjeligheder transcenderes for at opnå Befrielse eller Selv-realisation, men en vigtig del af processen er at frigøre sig fra alle negative tilbøjeligheder og aktivt dyrke positive tilbøjeligheder.

at undgå, at der bliver skabt nye negative tilbøjeligheder. Det første skridt på vejen til at fjerne negative tilbøjeligheder er, at vi fjerner os fra de steder, som får dem frem i os. Amma siger for eksempel, at hvis vi er afhængige af at se fjernsyn, kan vi ikke have et fjernsyn i vores soveværelse og samtidig sige, at vi ikke vil se fjernsyn. Første skridt er at sørge for, at fjernsynet kommer ud af værelset. Det er langt mere vanskeligt at undgå noget, når vores sanser kommer i kontakt med det. Hvis vi helt undgår det, og hvis vi sørger for være de steder, hvor der er mindst mulig chance for, at de negative tilbøjeligheder viser sig, har vi større chancer for at lykkes. Hvis den negative tilbøjelighed er stærk, er vi måske ikke i stand til at fjerne den helt, men vi kan stadig forsøge at regulere den. Hvis vi ikke er helt i stand til at holde op med at se fjernsyn, kan vi se spirituelle film eller noget, der uddanner os.

Vi kan også undersøge de aktiviteter, som er i vores rutine hver dag og lægge mærke til, hvordan vi kan gøre dem på en mere bevidst måde, så de bliver lavet om til påmindelser om vores sande natur og det højeste formål med vores liv.

Måden vi vågner om morgenen på er meget vigtig. Før vi sætter fødderne på gulvet, kan vi eksempelvis være taknemmelige, fordi jorden støtter og bærer os. Vi kan bede en bøn, før vi rejser os fra sengen, eksempelvis: "Lad mig ikke skade nogen i dag, hverken i tanke, ord eller handling. Lad mig gøre nogle gode ting for andre i dag."

Når vi går i bad om morgenen, kan vi være taknemmelige over, at Moder Natur forsyner os med vand. Vi kan sørge for ikke at bruge mere vand end nødvendigt og huske, at vand er en meget dyrebar ressource. Vi kan også huske at mange ikke har adgang til vand og bede en bøn for, at alle får dækket deres behov.

Før vi spiser, kan vi være taknemmelige for, at Gud giver os mad. Vi kan huske på, at det er et offer og en anstrengelse for andre levende væsener at forsyne os med mad. Vi skal passe på ikke at indtage mere mad end vi kan spise. At spilde mad svarer til mangel på respekt for Gud og alle de mennesker, som ikke har noget at spise.

Amma siger det meget direkte: "At tage mere mad, end vi behøver, er en voldshandling." For nylig læste jeg en undersøgelse om fattigdom på verdensplan, som viste, at hvis du har mad i køleskabet, tøj på kroppen og tag over hovedet, er du mere velhavende end 60 % af alle mennesker i verden. Mange af os tager den slags ting for givet og anser dem for at være en ret vi har med os fra fødslen. Men sådan er det ikke for det store flertal af mennesker. I virkeligheden er vi meget heldige, fordi vi har adgang til disse helt nødvendige ting. Hvis vi tænker på de mange lidende mennesker i verden, hvordan kan vi så sige, at vores liv ikke er velsignet?

Amma siger: "Vi plejer ikke at værdsætte livets velsignelser, men vi er altid parate til at beklage os. Det er en forkert holdning. Gud har givet os så meget – sunde kroppe, solskin, luft og vand. Alligevel udtrykker vi ikke vores taknemmelighed over for Gud. Vi skal forsøge at udvikle et hjerte fyldt med taknemmelighed og kærlighed til Gud."

Skumringen er et af de vigtigste tidspunkter på dagen. Amma siger, at her er de verdslige vibrationer ekstra stærke, fordi alle levende væsener har en stærk længsel efter søvn. Amma siger, at medmindre vi laver spirituel praksis på dette tidspunkt, bliver vi negativt påvirket af vibrationerne. Derfor anbefaler Amma, at vi fremsiger bønner højlydt eller synger bhajans i stedet for at spise, sove eller engagere os i udadvendte gøremål på det tidspunkt. På den måde undgår vi negative tanker, og sindet er optaget af Gud. Amma siger, at det endda vil hjælpe til at rense atmosfæren.

Traditionelt har skumringen – især i familier fra Brahmin kasten – været reserveret til spirituel praksis. Familien går ind i puja rummet og beder og reciterer i mindst en halv time. Men nu til dags sendes de mest populære TV programmer i indisk fjernsyn kl. 18.30 eller 19. Mange gange sørger forældrene for, at børnene beder deres bønner, så de får tid til at se aftenens film i fred.

Jeg har set det, da jeg var hjemme hos nogle af Ammas tilhængere i Indien. Jeg besøgte deres hjem kl. 18.30, og forældrene havde lige sendt børnene ind i puja rummet for at bede. Fordi jeg var kommet, kunne de ikke se filmen. Jeg kunne mærke, at de var skuffede over at jeg var kommet på det tidspunkt, men de ønskede ikke at bede mig om at gå igen. Siden fortalte de mig: "Swami, vi siger til vores børn, at de skal bede præcis mellem 18.30 og 19. Filmen bliver kun vist i afsnit på ½ time, så det er lige nok for os." Indvendigt bad jeg til Amma, og takkede Hende, fordi de i det mindste ikke havde bedt mig om at gå igen.

Amma har bemærket, at selv om folk har en vis interesse i spiritualitet og nogen kærlighed til Gud, er det de færreste som ville tage imod oplysning, selv om de fik tilbudet. Amma siger for sjov, at selv hvis Gud bankede på vores dør og tilbød os den højeste realisering, så ville vi svare: "Ved du hvad Herre, det er virkelig en fantastisk film, jeg er ved at se. Kan Du komme tilbage, når den er færdig?"

Det vi gør, inden vi falder i søvn, er også meget vigtigt. I stedet for at se en voldelig film eller læse en gyserhistorie, skal vi forsøge at læse noget, som indeholder moralske og spirituelle værdier. Vi kan læse et par sider fra Ammas lære eller fra en anden oplyst mester. Vi kan også læse en af teksterne i skrifterne. Der er mange, der påstår, at film og medier ikke påvirker en persons holdning eller adfærd, men mange psykologer vil kunne bekræfte, at det er bedre at gøre noget, der beroliger sindet, især før man går i seng.

Amma råder os også til at meditere 10 minutter lige før vi falder i søvn og 10 minutter lige efter vi vågner. Der er en god grund til det: regelmæssig meditation har en subtil men meget vigtig virkning. Amma siger, at forskellige følelser skaber forskellige vibrationer i og omkring os. Vrede skaber en type vibration, lyst skaber en anden og moderkærlighed en helt tredje.

Mantra japa (at gentage mantraet) og meditation skaber en meget gavnlig vibration i os. Moderne videnskab har udført mange undersøgelser, der viser, at meditation også har meget positiv indflydelse på vores fysiske og mentale helbred og endda aktiverer de dele af hjernen, der er relateret til glæde og følelser af velvære. En undersøgelse af meditationens kraft på Wisconsin Universitet målte aktiviteten i de dele af hjernen hos almindelige mennesker og sammenlignede det med samme del af hjernen hos tibetanske buddhistiske munke. Hos senior munkene, som havde mediteret regelmæssigt i mange år, var deres "lykke" indikator faktisk ude over toppen af grafen, som universitetet havde frembragt til studiet. Disse munke var mere lykkelige, end videnskabsmændene havde anset det for muligt at være.

De gamle vismænd lagde stor vægt på, at vi skal udføre spirituel praksis før vi begynder dagen. I Srimad Bhagavatam, som er en del af beskrivelsen af spirituelle og moralske værdiers forfald i Kali Yuga, eller Materialismens Alder (som vi nu er midt i), siger Vismanden Shukan, at blot at "tage et bad uden nogen anden morgen rutine vil være nok til at vise sig for dagen." Har de fleste af os det ikke på præcis den måde? Særligt hvis vi har travlt, vil vi nøjes med at tage et hurtigt bad og skynde os ud af døren med et stykke brød i hånden. Men vismændene minder os om, at vores sind også har brug for et bad. Den indre renhed kan kun opnås gennem meditation eller anden spirituel praksis.

Nogle mennesker spørger, hvorfor der er så mange ydre ritualer og ceremonier i Sanatana Dharma, hvis Gud findes inde i os. De undrer sig: "Hvordan kan vi finde Gud inden i, hvis vi altid kigger uden for os selv?"

Hvis disse mennesker forsøgte at lukke øjnene i to minutter og forsøgte at finde Gud i deres indre, tror jeg, at de ville finde svaret på deres spørgsmål. At søge indad er ikke så enkelt, som det lyder. Vores sinds natur er utrolig udadvendt; hvis vi sætter ind med et direkte angreb på sindet, så vil sindet straks gøre oprør. Hvis vi meget brat stopper med at fokusere på det ydre og vender opmærksomheden indad, kan den mentale rastløshed blive tifoldigt større.

Der er et vers i Katha Upanishaden:

parāñci khāni vyatrṇat svayambhūstasmāt
parāṅpaśyati nāntarātman

"Den Højeste Herre, som eksisterer i Selvet, gav sanseorganerne et sår, idet Han skabte dem med uadadvendte

*tilbøjeligheder; derfor opfatter mennesket kun ydre ting med
dem og ikke det indre Selv."*

II.1.1

Amma siger, at selv om Gud er inden i os, ser vores sind ikke
indad. Formålet med at tilbyde ydre former er dybest set at snyde
sindet, så det fokuserer på Gud. Vi lader sindet vende sig udad,
som det holder af at gøre, men vi kontrollerer genstanden for dets
opmærksomhed. Med øvelse kan vi langsomt vende vores opmærk-
somhed indad.

I Indien har småbørnsmødre en interessant måde at lokke de
små børn til at spise. Vi ved alle, at det er svært at overbevise små
børn om, at de skal spise, når vi ønsker, at de skal. I stedet for at
kalde på børnene og sige, at de skal spise, lokker mødrene ved at
lade børnene lave noget andet. Moderen kan sige til barnet: "Kom
skat, lad os gå hen og se på månen". Og mens moderen peger på
månen og barnets opmærksomhed er helt opfyldt af månen, læg-
ger moderen en bid mad i barnets mund. Eller moderen går hen til
parken med barnet og skubbe det i en gynge, og hver gang barnet
gynger tilbage til hende, giver hun det lidt mad. Men barnet føler
ikke, at det spiser, det føler, at det gynger eller ser på månen.

Ydre former for tilbedelse er sådan. Selv hatha yoga er en ydre
form for tilbedelse. I hatha yoga koncentrerer vi os om kroppens
holdning, men det virkelige formål er at berolige sindet og skabe
koncentration. Ligeledes holder en del mennesker af at fokusere
på deres vejrtrækning. Men resultatet er stadigvæk at bringe ro i
sindet. Og fordi sindet er så nært forbundet med kroppen og vejr-
trækningen, vil begge teknikkerne fungere meget godt – uden at
sindet føler sig angrebet.

Når vi laver archana (tilbedelse)[2], en puja (helligt ritual) eller en
homa (ceremoni med ild), eller mediterer på et billede af vores Guru

---

[2] I denne bog og i Ammas ashram, refererer "archana" typisk til recitationen af
Sri Lalita Sahasranama, den Guddommelige Moders 1000 navne.

eller foretrukne guddom, vender vi opmærksomheden mod det, der er foran os. På den måde er vi i stand til at vende øjnenes, ørernes og de andre sanseorganers opmærksomhed væk fra alle andre ting. Gradvist hjælper det os til at udvikle dybere koncentration. I stedet for at sanserne søger hen mod mange forskellige ting, forsøger vi kun at fokusere på en enkelt ting – ikke bare en hvilken som helst ting men en ting, der har guddommelige kvaliteter, så vi samtidig opdyrker et rent hjerte. Når sindet bliver mere koncentreret, bliver det indre fokus let. Det er formålet med alle de ydre ritualer. Selv om det er noget ydre, er det en proces, hvorved vi langsomt vender os indad.

Selv om vi kun udøver 20 minutters spiptuel praksis om dagen, skal vi ikke føle, at vi er uden mulighed for at føre et spirituelt liv. I sin Guru Purnima tale fra 2005, foreslog Amma nogle enkle former for praksis, som vi alle har mulighed for at indoptage i vores liv, hvis vi godt vil leve i overensstemmelse med Hendes lære:

- En ugentlig dag i stilhed. Det kan gøres sammen med meditation, mantra japa (gentagelse af mantraet) eller faste.

- Hvis du er vred på nogen, så ring eller skriv et venligt og kærligt brev til ham eller hende.

- Afgiv et løfte en gang om ugen: "Jeg vil ikke blive vred på nogen i dag". Det kan godt være, at det ikke lykkes for os, men vi skal blive ved med at anstrenge os uden at miste modet.

- Lav et spirituelt tidsskema, hvor du nævner de ting, du vil øve dig i og de kvaliteter, du vil udvikle. Se på det hver morgen og følg skemaet. Amma siger, at tidsskemaet fungerer som en tyverialarm, der advarer os, hvis uromagere trænger ind og udfordrer de retningslinjer, vi har givet os selv.

Hun siger, at en spirituel livsførelse betyder, at vi skal leve vores normale liv med en spirituel indstilling. De fleste af vores handlinger kan gøres til spirituel praksis. En af de vigtigste former for spirituel praksis er at udvikle positive kvaliteter som godhed, tålmodighed, medfølelse og kærlighed. Hvis vi ser vores liv efter i sømmene, er vi i stand til at finde mange muligheder for at opdyrke og udtrykke den slags kvaliteter i løbet af en dag.

I Bhagavad Ghita siger Herren Krishna:

ne'hā bhikramanāśo'sti pratyavāyo na vidyate
svalpam apy asya dharmasya trāyate mahato bhayāt

"På denne (spirituelle vej) er der ingen forgæves forsøg; heller ikke nogen ugunstig effekt. Selv en lille smule praksis af denne dharma, beskytter én mod stor frygt."

II. 40

Vores indsats på det verdslige plan har ofte to grundlæggende begrænsninger. Den første begrænsning er, at hvis vi af den ene eller den anden grund ikke opnår vores mål, så vil hele vores indsats for at nå målet være spildt. For eksempel kan vi i månedsvis arbejde i markerne for at få en høst ud af det. Men hvis en cyklon rammer marken før det er tid til at høste, er vi nødt til at begynde helt forfra. Den anden grundlæggende begrænsning er, at vores indsats kan give andre resultater end vi regnede med. Når vi tager medicin for en sygdom, kan den virke, men også det modsatte. Samtidig kan vi være allergiske over for medicinen. At tage medicinen er en indsats, der kan vise sig ikke at give det ønskede resultat og endda give et andet resultat, som er det modsatte af, hvad vi håbede på.

I verset ovenfor fortæller Krishna, at den indsats vi gør på den spirituelle vej ikke har de samme grundlæggende begrænsninger. Ligesom vi altid får næring, når vi spiser et sundt måltid, vil selv den mindste anstrengelse vi gør inden for spirituel praksis eller anvendelsen af spirituelle principper i vores liv helt sikkert gavne os. Det er en anden af universets love, der er lige så urokkelig som loven om karma. Når vi forstår denne sandhed, behøver vi aldrig at tøve med at føre et spirituelt liv, uanset hvor gamle vi er, og vi skal aldrig opgive vores anstrengelser eller fortvivle og tro, at det ikke har været umagen værd. Når vi udfører spirituel praksis, får vi gavn af det; vi må få gavn af det. Det er en universel lov.

Kapitel 6

At tjene uden tanke på sig selv skaber storsind

I sit berømte digt "The Waste Land" beskriver digteren T.S. Eliot tomheden i det moderne liv, der mangler moral og spiritualitet. Digtet beskriver et sted, hvordan fortælleren ser på en tilsyneladende endeløs række mennesker, der krydser London Bridge på vej til arbejde. Deres bevægelser er så mekaniske, og deres liv synes så meningsløse, at Eliot refererer til den levende død med ordene: "Jeg troede ikke, at døden havde gjort det af med så mange."

Skrifterne i Sanatana Dharma siger, at den som kun lever for sin egen skyld uden at hjælpe andre ikke virkelig lever; et sådant menneske er blot levende, ligesom et dyr. En person i koma kan være levende, men lever han eller hun virkelig? En person der lever en egoistisk tilværelsen er på samme måde kun levende. I Bhagavad Gita nævner Herren Krishna den slags mennesker og refererer til dem som tyve, fordi de hele tiden tager noget fra verden, men aldrig giver tilbage. Amma siger, at så længe vi bliver ved med at tage noget fra andre, forbliver vi tiggere. Men når vi begynder at give til andre, bliver vi konger. Det virkelige liv begynder, når vi går i gang med at hjælpe og tjene andre, når vi udviser medfølelse.

Der var en meget succesrig forretningsmand, som havde lagt en stram kurs for sit firma. Igennem 10 år var en af hans ansatte kommet på arbejde præcis kl. 9.00 hver morgen. Han havde aldrig været væk fra sit arbejde en eneste dag og var aldrig kommet for sent. Da kl. blev 9.00 en morgen uden at han dukkede op, vakte det derfor opsigt på kontoret. Alt arbejde hørte op, og chefen selv kom ud i forhallen, mens han mumlede vredt og så på sit ur.

Omsider dukkede manden op præcis kl. 10.00 med støvet og forrevet tøj, afskrabninger og blå mærker i ansigtet og bøjede briller. Han slæbte sig med smerter hen til uret, checkede sig ind og kvækkede med hæs stemme: "Undskyld jeg kommer for sent, men jeg snublede og rullede ned ad to rulletrapper i undergrundsbanen. Det var lige ved at tage livet af mig."

Det eneste chefen sagde var: "Og det tog dig en hel time at rulle ned af to par rulletrapper?"

Selv om chefen var en fremragende forretningsmand, manglede han den grundlæggende menneskelige evne til medfølelse. Selv om han tilsyneladende havde opnået så meget, formåede han ikke at give et menneskeligt svar til den ansatte, som havde tjent ham så trofast gennem mange år.

Egoisme er blevet så fremtrædende, at vi har brug for et bemærkelsesværdigt eksempel på uselviskhed som Amma til at inspirere os. Vi har faktisk en kvalitet til fælles med Amma. Vi er uforbederlige men på forskellige måder. Vi er indgroet egoistiske, og Hun er indgroet uselvisk. Hvis Amma ikke giver darshan på en bestemt dag, føler Hun sig ikke værdig til at spise. Hvis vi ikke har noget arbejde, føler vi, at det giver os en god mulighed for at spise et ekstra måltid mad og tage os en dejlig lur. Mens vi kun tænker på at fjerne vores lidelse, påtager Amma sig frivilligt lidelser for sine børns skyld.

Jeg husker en begivenhed, som skete i Ammas ashram i Indien for mange år siden. Det var Vijaya Dashami, en helligdag for Saraswati, Gudinden for viden. På denne dag kommer der mange tilhængere til ashrammen med deres børn, så de kan deltage i skriveceremonien, hvor Amma indvier børnene til skolegang. Da et af børnene kom til Ammas darshan, fortalte barnets moder Amma, at hendes datter ofte havde feber og kastede op; og hun bad om Ammas hjælp til at helbrede hende.

Efter at skriveceremonierne var overstået gik Amma ind på sit værelse, som på daværende tidspunkt kun var en lille hytte og blev med det samme syg. Hun begyndte at kaste op den ene gang efter den anden. Amma nævnte, at det var på grund af sygdommen, hun havde taget fra barnet. Hun sagde, at dette barn havde lidt af sygdommen igennem mange liv, men at Amma kunne udtømme karmaet på hendes vegne på bare et ganske kort stykke tid.

Alle Ammas nærmeste disciple kom ind på værelset og var bekymrede for hendes tilstand. Kort tid efter skulle Amma ifølge tidsplanen tilbage til darshan hallen og give darshan til tusinder af tilhængere, som ønskede Hendes velsignelse på denne særlige lykkebringende dag. Amma sagde, at Hun tvivlede på, at Hun kunne klare det. En af brahmacharierne gik ind i templet og bekendtgjorde for alle de hengivne, at Amma var syg, og at eftermiddagens darshan desværre måtte aflyses. Da de fik beskeden, blev tilhængerne chokerede og helt knuste, for Amma havde aldrig aflyst en darshan på grund af sygdom. En af de kvindelige tilhængere havde så svært ved at bære smerten ved ikke at få Ammas darshan, at hun begyndte at hulke højlydt. Hendes gråd udviklede sig til en forpint jamren.

Hallen lå et godt stykke fra Ammas hytte, så Hun kunne ikke have hørt kvinden græde på det fysiske plan, men Amma hørte det helt afgjort i hjertet. I det øjeblik glemte hun alt om den kvalme, feber, hovedpine og udmattelse, som hun oplevede et øjeblik inden, og pludselig stod hun ud af sengen og skyndte sig hen til hallen for at trøste sit barn. Bagefter fortsatte Hun med at sidde og give darshan til langt hen på aftenen[3].

Mens de fleste af os lider på grund af vores tidligere handlinger, vil Sande Mestre som Amma lide frivilligt, så andre ikke behøver at lide – de tager andres tidligere handlinger på sig selv. Et af Ammas 108 navne, som dagligt reciteres i Ammas ashrammer og af Hendes tilhængere rundt omkring i verden kan oversættes med: "Hun

---

[3] Amma har indtil denne dag aldrig aflyst et darshan program på grund af sygdom siden Hun begyndte at give darshan for over 30 år siden. Det viste sig, at Amma ved denne lejlighed kommenterede, at darshan kun blev aflyst for at øge længslen i de hengivnes hjerter.

som med glæde bytter himlen med helvedet for at komme andre til undsætning."

Når uselviskheden vokser i os, bliver egoet helt automatisk mindre, og vores naturlige uskyld begynder at stråle. Men vi er nødt til arbejde for at bevare uskylden – hvis vi ikke regelmæssigt laver spirituel praksis og øver os i at have gode tanker kan vores skjulte negative tilbøjeligheder vågne hvert eneste øjeblik og trække os med ind i usunde vaner og tankemønstre.

Læsere af Den højeste succes kan måske huske historien om den tilhænger, hvis søn fik tilladelse af Amma til at etablere et thebutik på ashrammens område. Der er kommet en ny afslutning på historien. Selv om tilhængeren var oppe i årene, var han så uskyldig, at Amma plejede at kalde ham Baby Krishna. Men da Amma bad tilhængerens søn om at flytte thebutikken, fordi der var pladsmangel, mistede tilhængeren al sin uskyld. Da han argumenterede med Amma for, at hans søn skulle have lov til at beholde thebutikken inde på ashrammens område, sagde Amma med stor medfølelse, at han godt kunne få noget mere tid til at finde et nyt sted. Men i mellemtiden voksede et peepal træ, som anses for at være et helligt træ op gennem en revne i butikkens mur. I Indien er det en alment udbredt tro, at der hvor et peepal træ skyder op, vil handel og verdslige foretagender ikke blomstre.

Selv om han godt vidste det, hældte tilhængeren en dag kogende vand på det lille peepal skud, fordi han håbede, at træet ville dø, så hans søn ikke ville være nødt til at flytte sin butik. Da han gik til Ammas darshan dagen efter, spurgte Hun ham ud af det blå: "Min søn, hvad gjorde du ved det stakkels træ? Du kan ikke komme af med det, for jeg har allerede lavet en sankalpa (hellig beslutning) om, at det vil leve i mange år."

Herefter blev tilhængeren endnu mere vred på Amma og han holdt op med at tage hen til Hende. Han begyndte endda at sprede falske rygter om Amma og i en periode på 15 år kom denne tilhænger aldrig til Amma. Det var en naturkatastrofe, der bragte ham tilbage til Hende.

I december 2004, da tsunamien ramte, søgte hele landsbyer tilflugt i flygtningelejre, som Amma havde etableret på sit universitets område ovre på den anden side af indsøerne ved ashrammen. Amma besøgte flygtningelejrene mange gange, og ved en af disse lejligheder mødte Hun den tilhænger, som Hun plejede at kalde for Baby Krishna, og som nu var blevet gammel og skrøbelig. Amma gik hen til hans seng, strøg hans hoved med medfølelse, spurgte til hans helbred, og forsikrede ham om, at ashrammen ville give al den fornødne hjælp til hans familie. Skæbnen ville, at denne aldrende tilhænger døde to måneder efter. På det tidspunkt bemærkede Amma, at hans tidligere uskyld og hengivenhed fik Hende til at tænke på ham og ønske at se ham endnu en gang, før han forlod sin krop.

Her er det værd at huske Ammas ord: "Selv når vi gør 100 dårlige ting og kun en lille god ting, vil Amma altid huske den ene gode ting og ikke de dårlige, mens verden kun vil huske vores fejltagelser, selv om vi gør 100 gode ting og kun en lille dårlig ting."

Jeg læste en gang en historie om 3 faldskærmsudspringere, hvis faldskærme blev sammenfiltrede oppe i luften. Et øjeblik virkede det til, at de alle tre var dødsdømte, men så blev en af faldskærmsudspringerne klar over, at hans faldskærm og kropsvægt virkede til at udgøre det største problem, så han fjernede sin faldskærm og faldt lodret ned i døden. Resultatet var, at de to andre kunne skære hans faldskærm fri af deres, og de blev frelst.

Tænk på modet og uselviskheden, det krævede at gøre det. Vi lever alle sammen som mennesker, hvis faldskærme er sammenfiltrede. Ingen af os er villig til at ofre sin egen interesse, så derfor lider vi alle sammen.

I så mange af livets omstændigheder træffer vi ubevidst et valg om at hjælpe os selv snarere end andre. Det er på en måde meget forståeligt. I den moderne verden anses øjeblikkelig personlig tilfredsstillelse af mange for at være selve livets mål og mening. Men man kan forestille sig verdens tilstand, hvis naturen fungerede efter det princip. Amma siger, at mennesker kan lære meget ved at observere Moder Natur: "Tag æbletræet for eksempel. Det giver alle sine frugter til andre og beholder ikke noget selv. Dets eksistens er til for andre levende væsener. Sådan er det også for floden; den vasker alle andres skidt væk, og forventer ikke noget til gengæld. Den accepterer alle urenheder og giver kun renhed tilbage, mens den ofrer alt for andres skyld."

"Børn, hver eneste ting i denne verden underviser os i hvad det vil sige at ofre sig. Hvis I ser nærmere efter, vil I opdage, at hele livet er et offer. Hver eneste menneskes liv er en historie om at ofre sig. Ægtemanden ofrer sit liv for hustruens, og hustruen ofrer sit for sine børn og børnene for deres familie. Hver og en af os ofrer vores liv på den ene måde eller den anden. Uden offeret er der ingen verden."

Foruden spirituelle praksisformer som meditation, archana og bhajans, opfordrer Amma alle sine børn til at tjene andre uden at tænke på egen vinding: "Når vi uden forventninger gør noget for andre, bliver vi mere rummelige og storsindede. Storsind er erfaringen af, at Selvet i os er Selvet i alle. Det er målet med al spirituel praksis. Storsind er Gud."

Amma siger samtidig, at hvis vi ønsker at være storsindede, må vi i vores handlinger udvise mere rummelighed og storsind. Det er på sin vis en form for omvendt kursføring. Mahatmaer som Amma er rodfæstede i deres enhed med hele skabelsen – derfor føler de sig inspirerede til at afhjælpe menneskehedens lidelse. For os kan kursen være omvendt – hvis vi forsøger at afhjælpe menneskehedens lidelse, kan vi i sidste ende komme til at erfare vores enhed med hele skabelsen.

Et af de første større projekter i ashrammens tsunami hjælpearbejde var at bygge midlertidige boliger langs stranden omkring halvanden kilometer fra ashrammen. Der var så mange mennesker, som efter tsunamien simpelt hen ikke havde noget sted at tage hen og ikke havde noget sted at sove. Ashrammen indlogerede mange på universitetet, mens andre blev indkvarteret på den lokale regerings skoler. Men da vinterferien var forbi, krævede regeringen, at folk skulle forlade skolerne, så undervisningen kunne blive genoptaget.

Derfor blev det bydende nødvendigt, at de midlertidige barakker blev gjort færdige med det samme. Brahmacharien, som ledede byggeriet, arbejdede dag og nat. Hver gang Amma ringede til ham for at checke, hvordan arbejdet skred frem, var han vågen og i gang – det blev midnat, kl. 2 og kl. 4 om natten. På et vist tidspunkt sagde Amma til ham, at han skulle få sig noget søvn, men han svarede, at det kunne han ikke, for han vidste godt, at hver ekstra time byggeriet varede, ville være endnu en time, hvor tsunami ofrene ikke havde noget sted at hvile sig.

Amma sagde senere om denne brahmachari: "Fordi han var så identificeret med andres lidelse, var han i stand til at overskride sine fysiske behov." Så tilføjede hun: "En mor bliver aldrig træt af at passe sine børn, fordi hun oplever dem som sine egne".

For et par år siden kom en turist fra vesten, som ikke vidste noget om Amma, forbi ashrammen. Han havde hørt, at Hun omfavnede mennesker, mens Hun var klædt ud som den Guddommelige Moder, og han ønskede at se det med egne øjne. Efter at han havde checket ind, fortalte folkene på kontoret for udenlandske besøgende, at han skulle gå hen til seva bordet, hvor alle får tildelt et arbejde som hjælper til at vedligeholde ashrammen. En brahmachari, som stod i nærheden, hørte den samtale, som fandt sted ved bordet. Seva koordinatoren sagde: "Der er mulighed for at feje eller vaske op. Hvilken seva ønsker du at gøre?"

Manden svarede: "Øhm, nej tak."

"Hvad mener du med ''Nej tak'?" spurgte seva koordinatoren.

Den besøgende svarede: "Undskyld, men jeg er ikke interesseret i noget af det arbejde."

"Nå, men Amma foreslår at alle, som er her, bidrager med en lille smule af deres tid til at vedligeholde ashrammen."

"Nå, så er jeg måske kommet til det forkerte sted!" Manden begyndte at blive vred, så seva koordinatoren pressede ham ikke yderligere. Manden gik hen for at se Amma give darshan, og brahmacharien, som havde stået i nærheden, fulgte efter ham og begynde at tale med ham. "Skal du ikke til darshan?" spurgte brahmacharien.

"Nej," svarede den besøgende stoisk, "jeg skal bare se på." Han så til med voksende nysgerrighed, indtil slutningen af eftermiddagens darshan, og da Amma gik ned af trapperne til sit rum, sagde han: "Det er temmelig imponerende, at hun sidder i så lang tid. Men hvad er det der Devi Bhava for noget?"

"Åh, det er i aften," svarede brahmacharien.

Den besøgende var overrasket over at høre det. "Mener du, at Hun kommer en gang til i dag?"

"Selvfølgelig," sagde brahmacharien. "Om et par timer. Så sidder Hun hele natten, indtil den sidste person er kommet til."

Den besøgende troede ikke på det, før han var vidne til det med egne øjne. Da Devi Bhava var forbi kl. 7.00 næste morgen, løb han ind i den samme brahmachari en gang til. "Det var forbløffende," sagde den besøgende til ham. "Gør hun så det hver eneste måned?"

Brahmacharien svarede: "Nej, ikke hver måned – hver dag! Darshan hver dag og Devi Bhava to gange om ugen!" Da den besøgende hørte det, blev han fortumlet. Han vidste ikke helt, hvordan han skulle forholde sig til det.

Kort tid efter kom Amma ud fra sit rum og begyndte at lave "mursten seva". På det tidspunkt var den store darshan sal ved at blive bygget med håndkraft af Amma og ashrammens beboere. Amma havde undervist alle ashrammens beboere i, hvordan de skulle lave mursten ved at blande sand og cement i det rette forhold, og alle blev bedt om at lave 10 mursten om dagen. Amma arbejdede sammen med ashrammens beboere om at lave mursten og lægge dem på plads. Mange gange begyndte hun på det arbejde næsten lige efter at hun havde givet darshan i mange timer[4].

---

[4] Som en del af tsunami hjælpearbejde bruger næsten alle ashram beboerne og mange besøgende fra Indien og udlandet 6 eller flere timer hver morgen på at udføre moderne "mursten seva". De fleste af husene, som genopbygges af ashrammet i katastrofens kølvand kan ikke nås via veje. Derfor tager det mange timer at flytte murstenene fra den nærmeste vej og hen til det nye hjem. Hvert nyt hjem kræver 13.000 mursten. Alene i ashrammens nærmeste omgivelser, er mere end 1.400 (ud af en samlet mængde på 6.200) nye huse ved at blive bygget for tsunami

Lige efter at hun havde givet darshan i 14 timer, ledede Amma ashrammens beboere i det fysiske arbejde i endnu et par timer. Nu var manden helt forvirret. Næste dag virkede han til at være bedøvet, mens han igen så Amma give darshan. Senere samme uge gik seva koordinatoren hen til den brahmachari, som havde talt med den besøgende. "Ved du hvad der skete med den mand, som ikke ønskede at lave seva? Her til morgen kom han listende ind som en lille mus og sagde: 'Undskyld mig, hr., men kan jeg få tildelt en seva?'" Den besøgende blev senere en af de mest pålidelige opvaskere i ashrammen.

Amma siger, at det unikke ved at elske og tjene uden tanke på sig selv ikke må forsvinde fra jorden. Verden skal vide, at det er muligt at vie sit liv til at elske og tjene menneskeheden. Lad os hver på vores egen lille måde gøre, hvad vi kan, for at Ammas ønske bliver opfyldt. Det behøver ikke være noget stort og dramatisk. Når mange mennesker gør små ting, gør det en stor forskel.

Kort efter tsunamien, organiserede Ammas tilhængere i Houston en fundraiser for tsunami hjælpearbejdet. Begivenheden bestod af en indisk middag og en aften med klassisk indisk musik. Ved at organisere et enkelt aften arrangement, var tilhængerne i stand til at nå deres mål og indsamle 25.000 dollars til Ammas tsunami hjælpearbejde. Senere fortalte en af organisatorerne mig: "Da jeg hørte, at Amma havde givet løfte om hjælpearbejde til en værdi af 23 millioner dollars, fik jeg ideen til at samle 25.000 dollars eller en tusindedel af det samlede beløb. Hvis Ammas tilhængere rundt omkring i verden kan organisere tusind fundraisers som denne, er det muligt at skaffe hele beløbet." 23 millioner dollars kan virke som et umuligt mål at nå, men når vi deler denne mands uskyldige og optimistiske syn på sagen, er det ikke længere så vanskeligt at tro på.

---

ofrene. Det er mere end 18 millioner mursten, som skal flyttes med håndkraft af ashrammens beboere og besøgende. Men inspireret af Ammas eksempel, er ashrammens beboere ufortrødne, mens de arbejder utrætteligt under varm sol og silende regn. Den 27 september 2005, på Ammas 52 års fødselsdag, var 1.200 nye hjem allerede færdiggjorte og uddelte.

Da en gruppe journalister spurgte Amma, hvordan Hun kunne aflægge et løfte om så stort et beløb til tsunami hjælpearbejde, svarede Amma: "Mine børn er min styrke." Hun talte ikke kun om brahmacharier, brahmacharinier og andre i ashrammen, som arbejder op til 15 timer om dagen uden at modtage nogen løn, og som er dedikerede til at hjælpe så mange mennesker som muligt så hurtigt som muligt. Da hun refererede til sine millioner af hengivne rundt omkring i verden, sagde Amma: "Jeg har mange gode børn. De gør alt hvad de kan." Hun fortsatte med at fortælle, hvordan selv små børn lavede dukker eller figurer og solgte dem, så de kunne give fortjenesten til deres elskede Amma. Amma sagde: "Når de får penge til deres fødselsdag, eller når deres forældre tilbyder en is, er der nogen børn, som hellere vil give pengene til Amma , og de siger til deres forældre, at Amma kan bruge pengene til at støtte fattige børn. Andre børn kommer hen til Amma og giver deres sparepenge, for at de kan bruges til at købe kuglepenne til fattige studerende. Amma ønsker ikke at tage imod det – der kan være andre børn, som ikke har noget at give, og de kan blive kede af det – men når Amma ser godheden i deres hjerter, har Hun ikke noget valg. Regeringen kan ikke klare det hele. Ville børnene give deres sparepenge til regeringen med samme kærlighed, som de giver dem til Amma?"

En gang kom en mand, som ikke havde nogen særlig spirituel baggrund for at se Amma på en af hendes ture i vesten. Manden var professionel motorcykelkører, kæderyger og drak meget alkohol. Men da Amma kom, tog han hen for at se Hende, fordi han blev tiltrukket af Hendes billede i en brochure om turen. Da han gik ind i hallen, følte han en bølge af spirituel energi, der var så overvældende, at han ikke kunne blive derinde. I stedet for besluttede han sig for at lave seva uden for hallen, så han kunne følge Ammas eksempel. At køre var den eneste nyttige ting han var vant til at gøre, så han kørte mennesker til og fra togstationen i nærheden af hallen. Hver gang han hentede og bragte, kunne han se den store forskel i folks ansigtsudtryk efter at de havde modtaget Ammas darshan. Han blev meget tilfreds og følte ro i hjertet.

Da hans seva var ved at være forbi, tog manden hen til togstationen og hentede en dreng med hjernelammelse, som sad i rullestol. Der var sådant et udtryk af sorg og fortvivlelse i drengens ansigt, at manden fik medfølelse med ham. Lidt senere kørte manden drengen tilbage til stationen, da han havde fået darshan. Han hjalp ham ud af vognen og tilbage i hans rullestol. Deres øjne mødtes. Selv om drengen ikke kunne tale, kunne manden se forskellen i hans ansigt. Det lyste af liv og glæde, det virkede som om drengen var begyndt forfra på en frisk. Taknemmelige tårer trillede ned ad drengens kinder og han prøvede at løfte armene for at sige tak til chaufføren, som havde hjulpet ham til at komme hen og få Ammas darshan. Pludselig blev manden dybt bevæget, og han græd som et lille barn. Han omfavnede den handicappede dreng i rullestolen, og de holdt længe om hinanden med tårer i øjnene. Manden sagde, at han i dagene efter oplevelsen følte en uafbrudt dyb fred. Det eneste manden gjorde var at tjene uden tanke på sig selv inden for et område, han kendte til. Ammas nåde gav ham muligheden for at opleve dyb lyksalighed – noget som ellers kræver spirituel praksis gennem adskillige livstider at opnå. I dag har manden forandret sig meget, han har opgivet alle sine dårlige vaner efter at han har smagt sødmen i Ammas kærlighed.

Amma, som er et med den Højeste Væren, har ikke brug for, at vi vasker op eller hakker grøntsager ved Hendes programmer. Hun har ikke brug for os til at hjælpe med ashrammens projekter, der er drevet ved at mennesker tjener uden tanke på sig selv. Hun har faktisk overhovedet ikke noget behov for, at vi tjener andre. Hun giver os muligheden for at gøre den slags ting, fordi Hun ved at det vil gavne os uendeligt meget, hvis vi samtidig udfører vores handlinger med kærlighed, omhu og oprigtighed. Og fordi Hun ved, at det hjælper os til at blive rummelige og storsindede. Da ashrammen for mange år siden begyndte at påtage sig sociale og godgørende projekter i større stil, sagde Amma: "Faktisk er jeg ikke interesseret i at opbygge en stort ashram eller i at have et hjem for forældreløse eller et institut for ingeniører eller et hospital. Jeg gør kun alt dette for tilhængernes skyld, så de har nogle steder at udvikle sig." Nu har Ammas institutioner givet tusinder af mennesker muligheden for at udvikle sig spirituelt ved at tjene andre uden tanke på sig selv.

Amma siger: "Tjeneste uden tanke på sig selv har stor betydning for ens spirituelle udvikling og hjælper til, at man bliver forberedt og fuldt egnet til Realisering."

Lad os bede til Amma om, at Hun vil give os styrken til at tjene uden tanke på os selv og udføre vores handlinger med et rent hjerte, sådan at vi gradvist bliver mere rummelige og storsindede. Selvom vi ikke har nogen særlig viden, vil Hun helt sikkert belønne os med oplevelsen af indre lyksalighed og vise os vej til det endelige mål, som er at realisere kilden til denne lyksalighed, eller Gud, i vores hjerter.

Kapitel 7

At efterlade bøflerne –
om at blive tiltrukket
og frastødt af ting

Skrifterne fortæller, at der findes en harmoni i skabelsen, som er grundlagt på forhånd. Selv om dyr dræber andre dyr for at spise dem, følger de kun den naturlige fødekæde, som er tilrettelagt af Gud, eller Moder Natur. At jage eller dræbe et dyr er en sportsgren for os. Men hvis et dyr dræber et menneske, anses dyret ikke for at udmærke sig inden for sin sportsgren. Vi kalder dyret for menneskeædende, anser det for at være et skadedyr og dræber det. Men det er kun mennesker, der bryder skabelsens harmoni. Vi plyndrer og ødelægger Moder Natur, forurener atmosfæren og begår alle slags forbrydelser, og herved skaber vi kaos i verden.

Den primære årsag til, at mennesker handler på den måde er det, som i skrifterne kaldes raga-dvesha (tiltrækning og frastødning). Hele vores liv – næsten alt hvad vi gør - er drevet frem af vores tiltrækning og frastødning. Vi ønsker at opnå eller eje det, vi kan lide, og vi ønsker at undgå eller fjerne det, vi ikke kan lide. Det kan være en ting, en person eller en situation. For at opnå det mål, er mennesker villige til at strække sig lige så langt det skal være, og til at være meget ligeglade med moralske og spirituelle værdier. Det er alment accepteret, at verden fungerer som "alles kamp mod alle" for at sikre overlevelsen. Det er ikke bare en beskrivelse af dyreriget, men også af det menneskelige samfund.

Når en læge udskriver medicin, er det ikke nok at han eller hun godt ved, at medicinen kan kurere en sygdom. Lægen skal også vide, hvilke bivirkninger medicinen eventuelt kan give patienten. Når vi skal opfylde et ønske, er det heller ikke nok, at vi godt ved, hvilke handlinger, der skal til for, at vi får ønsket opfyldt. Vi er nødt til at overveje, hvordan vores handlinger vil påvirke andre områder af vores liv. Når vi ikke gør det, bliver vores oplevelser både behagelige og ulykkelige; for vores anstrengelser tilfredsstiller ikke kun vores ønsker, de fremkalder mange gange også nogle uventede og smertefulde konsekvenser.

De fleste mennesker træder aldrig et skridt tilbage for at sætte spørgsmålstegn ved deres utrættelige forsøg på at opnå alt det, de kan lide, og undgå alt det, de ikke kan lide. Men når vi undersøger, hvad vi tiltrækkes og frastødes af, viser det sig ofte, at det ikke er særlig logisk. For eksempel kan den ene person lide at ryge, mens den anden person end ikke kan udholde lugten af cigaretrøg. Nogle mennesker elsker at drikke whiskey, mens andre får kvalme, når bare de drikker en lille slurk. Snegle er en delikatesse i den ene halvdel af verden og en modbydelig spise i den anden. Et menneske holder vældig meget af noget, som et andet menneske slet ikke bryder sig om. Eller mennesker holder vældig meget af en ting på et tidspunkt i sit liv, men kan ikke fordrage tingen senere i livet. Hvis tingens iboende natur var glæde, ville den så ikke glæde alle og til hver en tid?

For nyligt læste jeg om en undersøgelse, der blev udført i USA. Den viste, at penge i nogen udstrækning kan købe glæde. Men mængden af penge er ikke den afgørende faktor. Undersøgelsen viste snarere, at når man har flere penge end andre, som anses for at være ligestillede, vil man være tilbøjelig til at føle glæde. Det vil sige, at en person som tjener 30.000 dollars om året kan være mere glad end en person, som tjener 100.000 dollars om året, hvis den fattigere persons ligestillede kun tjener 20.000 dollars om året, mens den rigere persons ligestillede tjener omkring den samme mængde penge som han eller hun gør. Det betyder, at den glæde, disse mennesker føler, ikke afhænger af pengemængden men af følelsen af at være mere succesrig end andre omkring dem. Hvor dyb – og hvor varig – kan en sådan glæde være?

Hvis der ikke er nogen logik bag vores tiltrækning og frastødning, betyder det, at vi mennesker - de mest intelligente væsener på jorden – lever et liv, som hverken er logisk eller rationelt. Det er grunden til, at skrifterne refererer til verdslig viden som underlegen og spirituel viden som overlegen. Det eneste i verden som altid vil gavne os - og kun kan gavne os - er viden om vores Sande Selv. Amma er her for at hjælpe os til at opnå denne Højeste Bevidsthed, som er den eneste mulighed for, at vi frigør os fra død og genfødsel. Hvad er denne Højeste Bevidsthed? Det er en erfaring af, at vi er ét med Gud, kraften i alle ting, som er alvidende og altgennemtrængende. Adi Shankaracharya påpeger i *Viveka Chudamani* eller *Skelneevnens højeste juvel*, at dyr meget ofte mister livet, fordi de er slaver af en af de fem sanser. Nogle dyr går i døden, fordi de bliver tiltrukket af en lyd, jægeren fremkalder – når dyret nærmer sig lyden, kommer det inden for rækkevidde af jægerens våben. Møllet tiltrækkes af flammen og brændes af dens hede. Bien arbejder møjsommeligt for at samle pollen til honning og bliver dræbt af mennesker, som vil have honning. Elefanter kan blive hypnotiseret ved berøring af andre elefanter og falde i en dyb grøft, som de ikke kan flygte fra. Dyr kan miste livet på grund af bindingen til en enkelt af sanserne, og Shankaracharya påpeger det særlige ved menneskets skæbne, fordi mennesket har bindinger til alle fem sanser. Amma fortæller følgende historie.

For underholdningens skyld besøger en mand et ulovligt bordel i en fremmed by. I lobbyen er der tre døre. Bag døren til venstre er der en bar, hvor der serveres alkohol, og hvor man kan få andre stoffer. Bag døren i midten er der de prostitueredes værelser. Bag døren til højre er der kontoret, hvor bordellets indtjening opbevares. Manden kommer i tanke om sin kone derhjemme og tænker: "Jeg må hellere lade være med at gå ind til den prostituerede, jeg bør heller ikke tage ulovlige stoffer. Men hvad skade gør et par drinks?" Da han lidt senere er blevet fuld, har han ikke de samme forbehold over for at tage stoffer. Stofferne påvirker ham endnu mere, og nu synes han ikke længere, at der er noget galt med at gå ind til de prostituerede. På vej ud af bordellet, stjæler han pengene fra kontoret. Til sidst bliver manden anholdt af politiet og sendt i fængsel.

I Bhagavad Ghita siger Herren Krishna:

dhyāyato viṣayān puṁsaḥ saṅgas teṣū'pajāyate
saṅgāt saṁjāyate kāmaḥ kāmāt krodho'bhijāyate
krodhād bhavati saṁmohaḥ saṁmohāt smṛtivibramaḥ
smṛti bhraṁśad buddhināśo buddhināśāt praṇaśyati

I det menneske, der fæstner sig ved tingene, opstår der en tilknytning til disse ting. Tilknytningen afføder begæret, og af begæret fødes vrede. Vreden skaber illusioner, og illusionerne medfører tab af hukommelse. På grund af tabet af hukommelse, bliver sindet uarbejdsdygtigt, og når sindet ikke fungerer, er mennesket ødelagt."

II.62-63

Krishna forklarer her, hvordan vores dybe tilknytning til verdens ting ødelægger os. Her kommer et jordnært eksempel. En mand går til sit arbejde hver dag. På vejen til arbejdet ser han mange mennesker, han ikke kender; nogle ser han hver dag, mens han kun ser andre en enkelt gang og herefter aldrig mere. En dag ser han ved et tilfælde en meget tiltrækkende kvinde, som også er på vej til sit arbejde. Dagen efter får han øje på kvinden igen og inden længe begynder han at glæde sig til at se hende, når han skal på arbejde. En dag tager han mod til sig og spørger hende, om de skal ses. Han bliver hurtigt forelsket i hende og føler ikke, at han kan leve uden hende. Før hun mødte manden, så denne kvinde en anden mand, som også var forelsket i hende. De to mænd bliver rivaler, og en dag begynder de at slås med hinanden. Til sidst bliver de begge to anklaget for mordforsøg på hinanden. Og ingen af dem får drømmekvinden.

Vi bruger vores skelneevne i nogle af livets situationer, men ikke nok, når det gælder om at tilfredsstille vores sanser. Vi bruger det meste af livet på at opfylde ønsker og bliver slaver af vores sanser. Ammas liv viser, at det er muligt for mennesker at leve et langt mere sublimt liv. Helt tilbage fra sin barnddom tillod Amma aldrig sig selv at blive slave af sanserne; hendes energi var rettet mod at tjene menneskeheden og afhjælpe andres lidelse. Det almindelige menneske er styret af sine sanser, mens en Realiseret Mester som Amma har kontrol over sanserne.

Med andre ord vil både en arresteret person og et lands præsident være omgivet af politi. Mens den arresterede bliver kontrolleret af politiet, er politiet under præsidentens kommando. Vores mål skal være gradvist at nærme os en tilstand, hvor vi har fuldstændig kontrol over sanserne.

Et meget enkelt eksempel er vores forhold til mad. I nogle tilfælde fører det til skilsmisse, at ægtefællen ikke laver god mad. Lyder det utroligt? Jeg kender en mand, som ikke kunne udstå sin kones mad, så han plejede at gå ud at spise hver aften på en restaurant i nærheden. Han havde den samme kvindelige tjener hver aften, de blev forelskede i hinanden og han forlod sin kone til fordel for hende. De levede lykkeligt sammen, indtil hun forlod ham til fordel for en anden kunde i restauranten. Til sidst var manden blevet skilt to gange, han levede alene og havde det ikke længere godt med at komme på sin yndlingsrestaurant. Alt besværet begyndte fordi han ønskede mad, der smagte bedre!

I Ammas ashram i San Ramon, Californien, er der satsang hver lørdag aften og bagefter serveres der en middag, som er kendt for at være meget velsmagende og den billigste i byen, fordi det er nok bare at give en lille donation. Maden er så god, at der var en mand, som plejede kun at komme og spise. Han var ikke med til den spirituelle tale, meditation eller bhajans men kom til middagen præcis kl. 20.00 hver aften. Han syntes ikke om den mad, hans kone lavede og derfor var lørdagsmiddagen i San Ramon ashrammen ugens højdepunkt. Manden kom igennem lang tid alene for madens skyld indtil Amma tilbragte to uger i ashrammen, hvilket hun i de sidste 18 år har gjort i juni måned. Manden var ikke interesseret i at møde Amma, men han ville ikke gå glip af ugens yndlingsmiddag. Et af Hendes programmer var en lørdag aften, så han befandt sig i ashrammen, mens Amma gav darshan. Da han var færdig med at spise, var der en, der gav ham en darshan billet, som gjorde det muligt for ham at stille sig op i køen med det samme. Manden kunne godt lide at gøre ting, som var gratis og nemme at gøre, så han besluttede sig for at prøve en darshan. Han overvejede at spørge Amma, om Hun kunne velsigne hans kone, så hun blev bedre til at lave mad eller i det mindste få ashrammens beboere til at tilbyde måltider til offentligheden mere end en gang om ugen.

Manden var forbløffet over, at han blev så rørt over Ammas darshan, at han glemte at spørge om noget. Næste uge begyndte han at deltage i hele lørdagens aftenprogram og han hjalp endda med at servere middagen. I dag tager manden kun en portion mad efter at alle andre har fået et måltid.

Selvom overdreven tilfredsstillelse af vores sanser i de fleste tilfælde fører os på afveje, blev denne mands svaghed for mad, gennem Ammas nåde, også vejen til spiritualitet. Det betyder selvfølgelig ikke, at vi alle sammen bare skal satse på at spise vores yndlingsmad og vente på, at Gud kommer til syne foran os.

Gud har givet os intelligens og skelneevne for at vi kan undgå den samme skæbne som dyrene i Shankaracharyas eksempler. Hvis vi ikke bruger disse evner ordentligt, vil vores sanser blive en forbandelse for os. I *Dhammapada* siger Buddha:

> *Regn kan forvandles til guld*
> *uden at slukke din tørst*
> *Begær er uudslukkeligt – eller ender i tårer,*
> *selv i Himlen.*

I denne tid kommer mange mennesker til at lide, og de bliver ført væk fra Gud på grund af deres sanser. Men sanserne kan også blive en velsignelse, hvis vi bruger dem rigtigt. De spirituelt interesserede forsøger at bruge deres intelligens og skelneevne over for de ting, vi kan sanse, og det fører dem nærmere Gud og fjerner deres lidelse. Selvfølgelig har de fleste af os erfaret at det ikke er let at have fuldkommen skelneevne. Det er fordi vores iboende tilbøjeligheder, eller vasanas, forblinder os og får os til at tro, at uden det ene eller det andet bliver vi aldrig lykkelige.

En mand går ind i en bar, bestiller tre glas whiskey på én gang, og drikker alle tre. Han gør det flere dage i træk. Til sidst siger bartenderen: "Jeg kan hælde det hele op i et stort glas, hvis du hellere vil have det."

Men manden svarer: "Nej, jeg foretrækker det sådan her. Jeg har to brødre. Det ene glas er til min ældre bror, det andet er til min yngre bror, og det tredje er til mig. På den måde kan jeg forestille mig, at vi drikker whiskey sammen."

Manden bliver ved med at komme hver dag, og bartenderen bliver ved med at skænke tre glas. En dag siger manden: "Du kan nøjes med at give mig to glas i dag." Bartenderen spørger bekymret: "Er der sket noget med en af dine brødre?"

"Nej, nej," svarer manden. "De har det godt, begge to. Men jeg har besluttet mig for at holde op med at drikke."

Sådan vil vores sind bruge en fordrejet logik til at retfærdiggøre, at vi opfylder unødvendige ønsker. Selv ønsker, der er fælles for næsten alle, som f.eks. at blive gift og få børn, kan give os vanskeligheder, hvis vi ikke bruger vores skelneevne, når vi opfylder dem. Vi skal altid være forsigtige og frem for alt skal vi lytte til vores Gurus råd.

Under en af Ammas ture i udlandet, fortalte en ung meget succesrig forretningsmand, Amma, at han for nylig var blevet forelsket i en ung kvinde, som han ønskede at gifte sig med så snart som muligt. Amma gav ham et råd: "Lad være med at skynde dig. Brug et stykke tid til at tænke over det, inden du beslutter dig."

Året efter kom den unge mand igen til darshan, og han havde nu en kvinde med sig. Amma spurgte ham: "Åh, er du blevet gift?".

Den unge mand svarede: "Ja, Amma, hun var så uimodståelig, at jeg ikke var i stand til at følge dit råd. Vi blev gift en uge efter, at jeg så Dig sidste gang."

Næste gang Amma kom til byen, kom manden igen for at se Amma. Det var tre år siden, Amma havde rådet ham til at overveje sin beslutning om at gifte sig en ekstra gang. Denne gang var manden alene, og han så ikke længere helt ung ud. Han så snarere fortvivlet og udkørt ud. Han fortalte Amma, at hans kone havde forladt ham, og at hun i retten havde fået tilkendt halvdelen af hans formue; den restende halvdel havde han brugt på omkostningerne ved retssagen. Angrende sagde han til Amma, at han virkelig ville ønske, han havde fulgt hendes råd. Nu var den kvinde, som han troede ville give ham evig lykke, blevet årsag til en smerte, han troede ville vare evigt.

Der er en anden historie om et par i Indien, som ikke kunne få barn efter de var blevet gift. Hver gang de mødte Amma, sagde de til Hende, at de ønskede sig et barn. Amma sagde: "I jeres tilfælde er det bedste, at I ikke får noget barn. Hvis I får et barn, vil barnet ikke leve særlig længe." En Sand Mester som Amma ser hvert menneskes fortid, nutid og fremtid,. Amma kunne se, at på grund af deres *prarabdha* (karma), var det parrets skæbne at få et barn, som ville dø tidligt. Hun forsøgte at tale dem fra at få et barn, så de ikke skulle gennemgå den smertefulde oplevelse.

Men dette par ønskede et barn så højt, at de ikke lyttede til Ammas visdomsord. Til sidst gav de Hende et ultimatum: "Amma, hvis du ikke giver os et barn, tager vi livet af os selv. Uden vores eget barn har vi ikke lyst til at leve."

Amma advarede dem igen om den fare, der var forude, men de var ubøjelige. Til sidst indvilligede Amma i at velsigne dem med et barn. To år senere fødte kvinden et barn, men det viste sig, at Ammas ord var sande, og deres barn fik en sygdom, da det var seks år gammelt, og døde kort tid efter.

Selvom Amma havde advaret dem flere gange, kom det som et chok for parret. De blev dybt deprimerede og blev indlagt på en psykiatrisk afdeling. Men ved Ammas nåde er de nu næsten kommet sig efter chokket.

Det moderne samfund fortæller os, at opfyldelsen af ønsker er livets højeste mål, og at vi kan måle vores succes ud fra, om det er lykkedes for os at opfylde vores livs mål og ambitioner. Men skrifterne understreger, at der er mere i livet end det, og at vi på et vist tidspunkt må opgive alt og give den spirituelle vej vores fulde opmærksomhed. Når en Mester som Amma tydeligt fortæller os, at noget vi ønsker ikke er godt for os, skal vi oprigtigt forsøge at opgive vores tilknytning til ønsket. Mahatmaer udtaler sig ikke uden grund. Selvom vi føler, at det er en stor tragedie, hvis vi ikke får det vi ønsker, kan det vise sig, at der sker en endnu større tragedie, hvis vi får vores ønsker opfyldt.

Det er ikke ensbetydende med, at ønsket om at blive gift eller få et barn er forkert. Der er intet galt med at blive gift, få børn og arbejde hen imod verdslige mål. Disse ting er på ingen måde forbudte. Skrifterne anerkender ægteskab og børn som et væsentligt stadie i næsten alles liv. Hvis vi har den rigtige holdning, giver familielivet os en mulighed for at udtømme vores ønsker og begær, men vi skal huske, at ønsker ikke kan udtømmes helt, medmindre vi bruger vores skelneevne. Vi skal aldrig glemme det åbentlyse; intet af det, vi anser for at være vores, vil være der for evigt.

I *Bhagavad Gita,* siger Herren Krishna:

dharmāviruddho bhūteṣu kāmo'smi bharata ṛṣabha

"I et hvilket som helt ønske, som ikke går imod dharma,
i dette ønske findes Jeg."

VII.11

Skrifterne beder os aldrig om at undertrykke vores begær og vasanas men i stedet om at overvinde dem ved at bruge vores intellektuelle evner, dvs. gennem logik og fornuft. Hvis vi træder tilbage og analyserer det, vi begærer, vil vi være i stand til at se begrænsningen ved den mængde lykke, vi kan opnå fra noget midlertidigt. Når det bliver vores faste overbevisning, vil vores ønsker og begær gradvist forsvinde af sig selv. Hvis vi undertrykker vores ønsker og tvinger os selv til at følge en urealistisk streng disciplin, kan vi måske tilbringe et par år i en ashram men så komme ud derfra og ønske at blive gift. Før vi kommer til en ashram og begynder et liv med brahmacharya (cølibat og almen kontrol af sanserne), må vi intellektuelt overbevise os om, at vi ikke ønsker verdens glæder, og vi må forstå, at de aldrig vil give os varig glæde. Når vi bruger denne form for skelneevne, er der intet at undertrykke; vi vælger ganske enkelt en anden vej.

En gang foretog to jægere en ekspedition i et fjernt vildnis, som kun kunne nås via fly. Flyet blev lastet med proviant, og de fløj ind i det isolerede område og bad piloten om at komme tilbage efter to uger. Da piloten vendte tilbage, var han overrasket over at se jægerne vente på ham med tre store bøfler, som var deres jagtudbytte.

"Ok, vi er klar til at tage af sted," sagde de til piloten.

Piloten svarede: "Hvad har I tænkt jer at stille op med de tre bøfler?"

"Dem tager vi selvfølgelig med os. Tror du vi vil efterlade dem her?"

Piloten grinede og sagde: "Der kan umuligt være tre bøfler i vores lille fly. I må begrænse jer til en enkelt."

"Kom nu," jamrede jægerne, "sidste år lod piloten os tage tre med!"

Piloten var forbløffet. "Gjorde han virkelig?" spurgte han. "Nå, hvis I gjorde det sidste år, så kan vi nok gøre det igen i år. Lad os forsøge."

På en eller anden måde fik de slæbt to bøfler ind i flyet og bundet den trejde på toppen af flyets ende, og så var de klar til at tage af sted. Med stort besvær lykkedes det piloten at lette og flyet kæmpede for at stige opad. Men da der kom et højdedrag, lykkedes det ikke at flyve hen over det og flyet bragede ind i bjergsiden. Heldigvis var der ingen døde.

Da han kom ud fra vraget, sagde piloten. "Ok, fint. Hvor er vi nu?"

Jægerne så sig meget grundigt omkring, de checkede et kompas og sammenlignede nogle bestemte orienteringspunkter med deres kort.

"Ja, ja, jeg tror, jeg ved hvor vi er," sagde en af jægerne med overbevisning, mens han så op fra kortet. "Det må være ca. 3 km. øst for det sted, hvor vi styrtede ned sidste år."

Bøflerne er vores tilknytning, og flyet er livets realiteter. Som jægerne fortsætter vi med at være knyttet til verdens objekter og vi gentager de samme fejl, og så kommer der "nedstyrtning og brand" når vi opdager, at styrken i vores tilknytning ikke svarer til objektets evne til at give os glæde.

En tilhænger i USA fortalte angående emnet bøfler og ønsker om sin ven, som elskede at spise de såkaldte bøffel vinger (små kyllingevinger, der i USA kaldes buffalo wings). Når han fik mulighed for det, spiste han så mange som muligt. Hver gang uden undtagelse fik han ondt i maven, han blev endda så dårligt tilpas, at han måtte lægge sig på gulvet og rulle rundt i smerte. Selv om han godt vidste, at det ville ske, var han ikke i stand til at afholde sig fra at spise bøffel vinger igen og igen.

Kun mennesker er i stand til at opføre sig på så ulogisk en måde. Da jeg hørte denne historie, mindede det mig om en bestemt type ged i Indien. Geden vandrer rundt omkring for at søge grønt, som den kan spise. Nogle blade er meget klæbrige. Hvis geden spiser de blade, vil de sidde fast i dens hals, og den kan endda blive kvalt og dø af det. Hvis andre geder overværer det, vil de undgå at spise den samme slags blade. Ikke kun den samme dag, men fra da af og fremefter. Hvis fred kunne findes i ydre objekter, ville den sundeste og mest succesrige blandt os da ikke have fundet fred for længe siden? I sin tale ved Verdensreligionernes Parlament i Barcelona i 2004 sagde Amma, at den eneste forskel mellem folk i rige lande og folk i fattige lande er, at de fattige græder på lergulve i deres hytter, mens de rige græder i værelser med aircondition i store herskabelige huse.

Hvilket som helst antal præstationer eller besiddelser synes aldrig at kunne give os det, vi virkelig ønsker. Som den græske filosof Platon sagde: "Fattigdom er ikke fravær af goder, men snarere overflod af begær." Vi søger alle fred og glæde i ting og situationer, som ikke er i stand til at give os det.

At tilfredsstille sanserne kan sammenlignes med en trappe som fører nedad. Første skridt er vores tilknytning til et menneske eller en ting, det næste trin ned er ønsket om at eje tingen. Vreden, vi oplever, når noget blokerer vores ønske er endnu et trin, og når vreden sejrer over os, mister vi vores skelneevne, og vi falder nemt ned ad de resterende trin mod selvbedrag og fortvivlelse.

Men vi skal ikke tænke, at håbet er ude for os. Der er en anden trappe foran os, og den fører opad, væk fra tilknytning og lidelse og hen imod befrielse og evig lyksalighed. Det første skridt på den trappe, der fører opad er forbindelsen til en Sand Mester som Amma. Jo mere tid vi bruger sammen med Mesteren, des mere bliver vi knyttet til Mesterens lyksalige nærvær. Når vi bliver mere knyttet til en Mester, vil det automatisk svække vores tilknytning til andre mennesker og verdens objekter.

I mesterens nærvær lærer vi at opleve en fred, tilfredshed og fylde, som ikke afhænger af ydre ting. Vores tilbøjelighed til at efterstræbe tingene aftager. Når begæret mindskes, bliver vores sind mindre oprevet og mere fredfyldt. Denne fred bliver gradvist dybere, indtil vi når op for enden af trappen, der fører til befrielse. I en verden hvor de fleste mennesker befinder sig i en nedadgående spiral, fører tilknytningen til en Mester os opad – skridt for skridt – ind i friheden fra alle tilknytninger og den medfølgende lidelse.

Kapitel 8

Skelneevnens juvel

En gang blev Amma spurgt af en journalist: "Set med Ammas øjne, hvad er det vigtigste, som almindelige mennesker skal huske i deres daglige liv?"

Amma svarede: "Det vigtigste at huske, når vi arbejder i denne verden, er altid at have et intellekt med skelneevne, ikke bare et intellekt. At vide hvad der er Sandt, og hvad der er usandt, hvad der er godt, og hvad der er dårligt – det er med denne indstilling, vi skal passe vores pligter i verden."

Når Amma siger "skelneevne" (på engelsk discrimination) mener Hun ikke at diskriminere som i race-diskrimination eller diskriminerende som en kenders forfinede og sammenlignende skelneevne. I *Viveka Chudamani*, definerer Shankaracharya *viveka* eller skelneevne som "den faste overbevisning om, at kun Brahman er evig. Alt andet er midlertidigt. Denne overbevisning er evnen til at skelne mellem det Evige og det flygtige."

Når Amma siger "Sandhed og usandhed", taler Hun ikke om at finde ud af, om der er nogen, der fortæller en løgn. Med Sandhed mener Hun dèt som eksisterer uforanderligt i de tre tidsperioder – fortid, nutid og fremtid. Det som er, var og altid vil være er det eneste Selv, eller Atman. Med usandhed mener Amma alt som forandrer sig eller forgår – kort sagt alt hvad vi ser i verden omkring os. Når Amma siger "god eller dårlig" betyder god enhver tanke, ord eller handling, som vil føre os nærmere til vores mål om at realisere vores enhed med Gud, og dårlig betyder tanker, ord eller handlinger, som vil bringe os længere væk fra dette mål. Det er denne skelneevne, der adskiller mennesker fra livets lavere niveauer. Hvordan vi bruger skelneevnen er afgørende for, hvor velsignet vores liv er.

Vi kan læse om de rigeste mennesker i verden og stræbe efter at blive lige så rige som de er. Men så glemmer vi, at kvaliteterne ved skelneevnen er mere værd end alle penge i hele verden. Ved at bruge vores skelneevne og opbygge sansen for dharma kan vi blive forenet med den uendelige Atman.

Hvis vi ikke bruger vores skelneevne på den rigtige måde, spilder vi de muligheder, vi har fået i kraft af den menneskelige fødsel. Nøglen til at skelne er i vores hænder; ingen skjuler den for os. Det er helt op til os, om vi åbner døren til vores potentiale eller ej. Beslutningen handler om, hvordan vi vælger at forholde os til livets situationer, og hvordan vi bruger den tid, vi har at leve i. Amma siger, at selv om vi mister en million dollars, kan vi få den tilbage, men hvis vi spilder et enkelt sekund, er det mistet for altid.

Der er en kendt Vedanta historie, som viser, hvordan det er, når vi ikke formår at bruge vores skelneevne på den rigtige måde. En mand vandrede gennem en skov og stødte på en flok tigerunger. Da tigerungernes mor fik øje på ham, gik hun til angreb. Manden flygtede så hurtigt han kunne og ved et uheld faldt han ned i et dybt hul, hvor der var en kilde, som flød. Mens han faldt nedad, lykkedes det ham at gribe om en rod, som voksede ud fra skrænten ned til kilden. Desværre var der nogle mus, som gnavede løs i roden og den ville snart løsne sig fra skrænten. Det var endnu værre, at nogle løse klippestykker var faldet ned ad skrænten, hvor de havde forstyrret en stor truende phytonslange, som lå sammenrullet på bunden af kilden og nu ventede tålmodigt på at han skulle dumpe ned i dens gabende svælg. Han håbede, at han ville være i stand til at klatre tilbage op ad skrænten, men da han så opad, fik han øje på den vrede tiger, som ventede på at sætte tænderne i ham, så snart han kom inden for rækkevidde.

Mens manden fortsatte med at besigtige sine omgivelser, opdagede han, at han under sit fald havde slået et stykke af en bikube, og at frisk honning dryppede ned lige over hans hoved. Da han så det, glemte han helt alle de mange farer, som han var omgivet af. Han stak tungen ud og forsøgte at fange et par dråber honning. Vi kan ryste på hovedet over hans dumhed, men vores egen situation ligner hans. I stedet for at gøre noget for at redde sig selv, blev manden optaget af den flygtige glæde ved at smage honningen. Vi er også omgivet af farer som sorg, sygdom, alderdom og død, og alligevel gør vi ikke noget for at overvinde vores begrænsninger og frigøre os fra død og genfødsel. Det er et tegn på, at vi ikke bruger vores skelneevne på den rigtige måde.

Amma siger, at i disse tider går de fleste af os omkring i en halvsovende tilstand, og Hun giver et eksempel. En alkoholiker vender hjem efter en lang nat på druk. Han ser sig i spejlet og opdager en masse rifter og sår i sit ansigt. Omhyggeligt renser og forbinder han hver eneste hudafskrabning, inden han går i seng. Dagen efter opdager hans kone, at spejlet er dækket med bandager.

Selv om vi er fysisk vågne, er vores niveau af vågenhed en stor del af tiden meget lavt. Hvor ofte koncentrerer vi os virkelig om det, vi laver? Mens vi spiser morgenmad, læser vi også avisen. Mens vi taler i telefon, vasker vi op. Mens vi læser en historie for vores børn, tænker vi på problemer på vores arbejde. Og når vi kommer på arbejde, bekymrer vi os om, hvordan det går vores børn i skolen. Med den nye teknologis indtog er vores koncentration blevet endnu mere spredt. Selv når de besøger et tempel, tøver folk ikke med at svare deres mobiltelefon.

Det lave opmærksomhedsniveau er årsagen til, at vi dag ud og dag ind begår de samme fejl. Vi kan hver aften fortryde, at vi er blevet hidsige, og love os selv ikke at gøre det igen. Men så snart vi føler, at nogen modarbejder os, farer vi op en gang til. Hvis vi virkelig var årvågne og opmærksomme, ville vi huske vores løfte om at være tålmodige og holde det. Der er så mange kostanvisninger i denne tid. De fleste mennesker siger, at de følger den ene eller den anden anvisning, men statistikken viser, at det kun er meget få mennesker, der virkelig retter sig efter kostanvisningerne. I det øjeblik vi får øje på den mad, vi ikke må spise, glemmer vi målet med at følge kostanvisningerne.

Amma pointerer, at mange mennesker køber en livsforsikring for at sikre deres nære og kære økonomisk. Ved at tegne forsikringen giver de helt klart udtryk for, at de ved, at deres liv ikke er varigt. Alligevel lever de fleste mennesker som om døden er en meget fjern ting og noget som kun sker for andre.

I den store indiske episke fortælling Mahabharata, mister fem Pandavaer midlertidigt livet, mens de opholder sig i eksil i skovene, fordi de har drukket vand fra en sø, som tilhører yaksha (et himmelsk væsen), som ønsker at teste Yudhishthira. For at vinde sine brødres liv tilbage, er Yudhishthira nødt til at svare på nogle gåder, som yaksha fremlægger. På et vist tidspunkt spørger yaksha Yudhishthira: "Hvad er det største under i verden?"

Yudhishthira svar på denne gåde tilfredsstiller dæmonen: "Dag efter dag går talrige liv ind i dødens tempel. Mens de ser på det, tror de der bliver tilbage, at de selv lever evigt. Er der noget større under?"

Selvfølgelig har mange af os aldrig set nogen dø. Nogle af os har måske set en død krop. Men vi hører alle om mennesker, der dør hver dag i forskellige dele af verden. På den måde er døden en stor del af vores daglige liv.

Der findes en historie om en journalist, der interviewede en mand på hans 99 års fødselsdag. Ved interviewets afslutning, tog journalisten den gamle mands hånd og sagde indtrængende: "Jeg håber virkelig, at jeg kan komme tilbage og se dig næste år på din 100 års fødselsdag."

Hertil svarede den gamle mand: "Jeg kan ikke se, hvorfor det ikke skulle være muligt – du ser sund nok ud."

Ligesom den gamle mand i historien, falder det os sjældent eller aldrig ind, at vi også skal dø en dag. Derfor oplever vi ikke, at det er påtrængende nødvendigt at opnå formålet med livet.

Under en af Ammas ture i udlandet, var Amma og et lille følge med på et fly, hvor der var alvorlig turbulens. Med morskab lagde vi mærke til, at de fleste af passagererne havde været opslugt af filmen, der blev vist i flyet, men da flyet begyndte at ryste og pludselig dyk-kede, blev alle passagererne med ét inderligt religiøse. De lukkede øjnene og bad med stor koncentration og hengivenhed. Men så snart turbulensen holdt op, begyndte den ene passagerer efter den anden at genvinde fatningen og igen vende opmærksomheden mod filmen. En af passagererne spurgte endda flypersonalet, om filmen kunne blive spolet tilbage til det sted, hvor de var blevet forstyrret. Det er let at grine af disse rejsende, men lever vi ikke alle vores liv sådan? Det er kun, når der er en trussel, eller når vi bliver ramt af en ulykke, at vi i nogen grad formår at adskille os selv fra verdens objekter.

Der var to barndomsvenner, som voksede op og spillede baseball sammen. De spillede begge i amatør ligaer gennem hele deres liv, indtil de var blevet for gamle til at løfte boldtræet, og de fulgte med religiøs begejstring med i de professionelle holds kampe. De var na-boer på plejehjemmet, og da de bukkede under for alder og sygdom, blev de endda enige om, at den af dem som først døde ville komme tilbage og fortælle den anden, om der fandtes baseball i himlen.

En sommeraften døde en af mændene efter tidligere på aftenen at have set sit yndlingshold opnå en uventet sejr. Et par nætter se-nere vågnede den længstlevende mand ved lyden af sin gamle vens stemme, der kom fra den anden side.

"Er det dig?" spurgte han den tynde luft, hvor det lød som om hans vens stemme kom fra.

"Selvfølgelig er det mig," svarede den døde vens stemme.

"Det er ubegribeligt!" udbrød den levende mand med glæde.

"Sig mig så, er der baseball i himlen?"

"Jeg har nogle gode nyheder og nogle dårlige nyheder," fortalte hans døde ven ham. "Hvad ønsker du at høre først?"

"Fortæl mig de gode nyheder først."

"De gode nyheder er, at ja, der er baseball i himlen."

"Åh, det er vældig godt. Hvad kan om muligt være de dårlige nyheder?"

"Det er planen, at du skal spille i morgen aften."

Sandheden er, at døden en dag kommer til os, og vi har ikke mulighed for at se filmen færdig, langt mindre spole den tilbage – vi er nødt til at efterlade den. Det eneste, der vil komme med os efter døden, er resultaterne af vores handlinger, både gode og dårlige. Når vi indser det, skal vi ikke blive vrede på Gud, men hellere holde bedre fast i Ham.

Amma siger, at det er let at vække nogen, som sover, men svært at vække nogen, som lader som om, at de sover. Hun antyder, at vi alle foregiver at sove. Hvis vi kigger på, hvordan vi lever, vil vi indse, at det forholder sig sådan.

Så snart vi skal vælge mellem det, vi ved vil gavne os spirituelt, og det, der er behageligt og let, vælger vi det meste af tiden det behagelige. Selv psykologer siger, at mange klienter hellere søger lindring end en virkelig løsning på deres problemer. For hvis de virkelig skulle løse deres problemer, ville de være nødt til at forandre deres egen måde at handle og forholde sig til verden på.

Nogle mennesker argumenterer for, at eftersom alt i verden er skabt af Gud, findes der ikke noget godt og dårligt, og derfor er det naturligt, at vi gør det, vi bedst kan lide. Hvis vi undersøger denne holdning nærmere, bliver dens mangler tydelige. For eksempel kan mange rovdyr kun overleve ved at jage andre dyr. Rusmidler og stoffer findes også i naturens rige. Men betyder det, at det kun er naturligt at tage stoffer og begå mord?

Gud har skabt sunde frugter og giftige frugter. Men vil vi indtage de giftige bær lige så hurtigt som jordbærrene og sige at de kun er naturlige? Det ville vi ikke. Men alligevel sker det ofte, at vi forsvarer en beslutning, som ikke er nobel og værdig ved at sige at: "..det er kun naturligt."

Det kan godt være sandt, at noget er naturligt, men spiritualitet består ikke i at handle naturligt. Det består i at transcendere vores lavere dyrelignende natur. Det er blevet sagt, at vi ikke er menneskelige væsener, som har spirituelle erfaringer, men spirituelle væsener, som har erfaring med at være menneske.

I ashrammens tidlige dage insisterede Amma på, at alle beboere i ashrammen stod op kl. 4.00 uanset hvilket tidspunkt de gik i seng. Derfor var alle lys for det meste slukkede kl. 23. En af de aftener bad Amma mig om at komme hen til sit værelse omkring kl. 22.30. Da jeg kom derhen, talte hun med en familie, så jeg ventede udenfor. Men kl. 23 var familien stadig ikke gået. Selv om jeg vidste, at det rigtige at gøre var at adlyde Ammas anvisninger, vidste jeg også, at jeg var nødt til at stå op kl. 4, uanset hvor sent jeg var oppe for at mødes med Amma. Et par minutter efter kl. 23 gik jeg derfor tilbage til min hytte for at sove. Da jeg åbnede øjnene, var klokken ikke 4 om morgenen, men 7.

Senere fandt jeg ud af, at Amma omkring midnat havde spurgt nogen, om jeg stadig ventede, men da Hun blev informeret om, at jeg var gået, spurgte Hun ikke efter mig igen, men sagde: "Lad ham sove." Ved at se bort fra det, jeg vidste var rigtigt, forpassede jeg både muligheden for at være sammen med Amma og den næste dags morgenbønner.

Denne historie illustrerer et vigtigt punkt: Når vi foregiver at sove, er der en stor fare for, at vi faktisk vil falde i søvn. Når vi giver efter for noget, selv om vi godt ved, at tingen ikke besidder den sande glæde, kan vi inden længe blive helt fanget af tingen og glemme alt om Gud og det virkelige mål i livet.

Vi skal være modige. Lad os ikke krybe længere ned i uvidenhedens sovepose. Lad os i stedet acceptere det faktum, at vi aldrig finder den ægte tilfredsstillelse i verden, og at spiritualitet er den eneste løsning. Lad os rejse os og tage imod det højeste dharma, og gå fremad med skelneevne.

Kapitel 9

Hemmeligheden bag succes

Amma siger: "Alle får en uddannelse til en levevej, men ikke en uddannelse til livet." Spiritualitet er denne uddannelse til livet og livets egentlige grundlag. Hvis vi opbygger grundlaget og forstår spirituelle principper i en ung alder, vil vi ikke snuble og falde, når vi står ansigt til ansigt med livets prøvelser. En af hjørnestenene i det spirituelle liv er selvdisciplin. Ingen ønsker at høre om selvdisciplin, men de som ikke har den, opdager hen ad vejen, hvor vigtig den er. Selv mennesker, der når til tops i livet og får stor anseelse, berømmelse, magt og rigdom vil hen ad vejen se livet hensmuldre i trivielle fornøjelser og fristelser, som i værste fald krænker deres ære og medfører smerte. Måske har det været denne sammenhæng, som har fået den amerikanske skuespillerinde Katherine Hepburn til i de senere år sarkastisk at bemærke: "Uden disciplin, er der overhovedet intet liv".

For virkelig at gøre spirituelle fremskridt er selvdisciplin grundlæggende. Selvdisciplin handler ikke om straf og heller ikke om en livsstil fyldt med forbud. Selvdisciplin er evnen til at fastholde handlinger, tanker og adfærd, som fører til personlig forbedring snarere end øjeblikkelig tilfredsstillelse. Mangel på selvdisciplin er hovedårsagen til de fejl, som vi begår både i vores personlige og professionelle liv.

En gang gik en kvinde op til en skrøbelig, rynket mand med tjavset gråt hår, som rokkede frem og tilbage i sin stol på verandaen.

"Undskyld mig, Hr.," sagde hun, "men jeg kunne ikke lade være med at lægge mærke til hvor glad du ser ud. Hvad er din hemmelighed bag et lang og lykkeligt liv?"

"Nu skal du høre, mit barn," svarede manden med et tandløst grin, "Jeg ryger tre pakker cigaretter om dagen, drikker en kasse whiskey om ugen, spiser fed mad, lytter til heavy-metal musik, og så motionerer jeg aldrig."

"Det er forbløffende!," sagde hun. "Jeg har aldrig hørt om sådan en hemmelighed bag et langt liv! Hvor gammel er du?"

"26 år," sagde han.

Selvdisciplin er på mange måder ligesom styresystemet i vores computere. En computer uden et styresystem er meget lig et menneske, som mangler disciplin. De har begge en vældig stor mængde potentialer og kraft, men ingen måde at få det til at fungere ordentligt. Til forskel fra computeren er vi velsignet med fri vilje, men uden selvdisciplin er vi sårbare over for viruser som øjeblikkelig tilfredsstillelse, undskyldninger og dårlige vaner.

Den græske filosof Aristoteles sagde. "Jeg anser den, der overvinder sit begær for mere modig end den, der overvinder sine fjender, for den mest vanskelige sejr er sejren over sig selv." Det er ikke altid let at forstå fordelen ved at opretholde et disciplineret liv, eftersom det ofte synes mere behageligt, udbytterigt og belejligt at gøre det modsatte.

Fra de allertidligste dage i ashrammen var det en del af vores disciplin at vågne kl. 4.00 om morgenen, tage et bad og samles for at chante den Gudommelige Moders 1000 navne. Dagen efter at jeg var flyttet ind i ashrammen, vågnede jeg kl. 4.00 om morgenen og fandt ud af at det var ret koldt, fordi det havde regnet hele dagen i forvejen. Fordi det kun var muligt at tage bad i koldt vand, besluttede jeg at springe badet over og gå lige til morgen archana. Jeg regnede med, at jeg kunne vente, indtil luften blev varmere, før jeg tog mit bad. Regnen fortsatte den dag og flere dage efter, og jeg fortsatte min nye praksis med at gå til archana uden at gå i bad først. Efter et par dage, opdagede jeg på min vej til kalarien⁵ en stor spand med dampende varmt vand, der stod lige ved siden af døren til min hytte.

Jeg var overrasket, men ønskede ikke at gå glip af muligheden; jeg tog med det samme spanden med hen til badeværelset og tog mit bad. Senere spurgte jeg de andre brahmacharier, hvem der havde været den barmhjertige samaritaner, som havde varmet vandet for mig. Ingen vidste noget om det. Samme eftermiddag sagde Amma henkastet: "Fik du et dejligt bad her til morgen?" Efter det spørgsmål var jeg ikke i tvivl om hvem, der havde stillet det varme vand frem til mig. Det gjorde mig ondt, at tænke på, at Amma havde anstrengt sig for at varme vandet over et rygende bål bare for at jeg skulle få hjælp til at overholde ashrammens disciplin og tage bad inden tilbedelsen gik i gang. Jeg opdagede, at en Guru vil gå ud over alle grænser for at rette på disciplen, og fra da af sprang jeg aldrig mit morgenbad over, uanset hvor koldt det var.

Selvfølgelig kan vi ikke udnytte Ammas ydmyghed og tålmodighed til at gøre vores liv lettere. Hvis jeg bare havde ventet på at Amma skulle komme med en spand varmt vand til mig hver morgen, er jeg sikker på, at hun hurtigt havde skiftet taktik. Nogle år senere var der kommet mange flere brahmacharier i ashrammen. Nogle af dem vænnede sig til at sove, mens der var archana, trods flere påmindelser fra Ammas side. Til sidst blev Amma nødt til at tage drastiske midler i brug. En morgen gik Hun ind i hallen, hvor de sov og hældte koldt vand ud over dem alle sammen. Senere hen sagde Amma: "I er alle kommet hertil for at realisere Gud. Derfor er det blevet Ammas pligt at gøre jer opmærksom på jeres fejltagelser og hjælpe jer til at overvinde dem. Hvis I er dovne selv i små ting, hvordan vil I så opnå befrielse?"

---

⁵ I Sanatana Dharma betyder kalari ethvert sted, hvor der sker gudsdyrkelse uden at nogen bestemt guddom er installeret. Det var det navn, der blev givet til ashrammets oprindelige tempel, som ikke var meget større end et walk-in skab, og som var blevet omdannet fra Ammas families kostald. Når man ser tilbage, er det forbløffende at tænkte på, at Amma som nu ofte giver programmer i amfiteatre og stadiums, nogensinde har givet darshan på så lille et sted.

I løbet af årene er antallet af mennesker, som er kommet for at se Amma i Amritapuri (og rundt omkring i verden) fortsat med at stige, og Hun slutter darshan senere og senere. For to år siden begyndte "morgenens" darshan at strække sig længere end til kl. 18.30 om eftermiddagen, som er det tidspunkt, hvor Amma plejer at komme til aftenens bhajans. Når Amma gav darshan frem til kl. 19.00 eller 20.00 kunne hun selvfølgelig ikke komme til bhajans. Alligevel kom swamierne for at synge, og alle brahmacharier og ashram- beboere, der ikke var direkte involveret i at hjælpe med darshan køen, skulle også være med. Men de dage, hvor Amma gav darshan i løbet af aftenens bhajans, begyndte nogle af brahmacharierne at holde op med at komme. I stedet for arbejdede de med andre ting eller de sad for sig selv og mediterede. En aften var Amma færdig med at give darshan lige før kl. 19. Det var allerede sent, og mange troede, at Amma ikke ville komme til bhajans den dag, så de gik også deres vej. Men da Amma kom gående ned ad darshan hallens vindeltrappe, drejede Hun ikke til højre og gik hen til sit værelse ligesom alle havde forventet. Hun drejede til venstre og gik lige ind i bhajan hallen. Hun tog sig end ikke tid til at skifte tøj eller vaske sit ansigt. Der var mange brahmacharier, som ikke forventede, at Amma ville være med til bhajans, og derfor deltog de ikke. Kun da de hørte Ammas stemme over højtaleren fandt de ud af, at Hun var der, og så kom de løbende. De så Amma sidde på scenen med håret, der ikke var sat, og sarien, der havde mærker fra de tusinder af tilhængeres tårer og makeup, som Hun havde omfavnet den dag. Det var et hjerteskærende syn for dem alle, og de forstod hurtigt den lektie, Amma forsøgte at lære dem. Hvis Hun var i stand til at overholde ashrammens disciplin selv efter en anstrengende dag med at give darshan, hvem kunne så undtage sig selv fra at gøre det samme?

Selv når Amma er nødt til at give darshan langt hen på natten, vil alle brahmacharier nu deltage ved aftenens bhajans. Og alligevel gør Amma stadig alt hvad Hun kan for selv at være med til bhajans.

Hun er begyndt at komme en time tidligere til morgen darshan, og så snart Hun er færdig, går Hun lige til bhajan hallen.

Succes i livet opstår, når vi ikke giver efter for det vi ønsker at gøre, men rejser os op og gør det, der bør gøres. De fleste af os vil kun gøre det, vi kan lide. For at gøre spirituelt fremskridt, må vi lære at kunne lide det, vi bør gøre. For at komme til det punkt kan vi starte med at forpligte os til at gøre det, der er behov for at gøre, uanset om vi kan lide det eller ej. Hvis vi disciplinerer os selv på den måde, vil vi naturligt begynde at kunne lide at gøre det, der er påkrævet i en hvilken som helst situation – ikke at gøre hvad vi kan lide, men at kunne lide hvad vi er kaldet til at gøre.

Vi kan ikke leve vores liv med følelserne alene, for at opnå et hvilket som helst mål er vi nødt til at tilføje disciplin. Ligesom ydre disciplin får ting til at gå glat i den ydre verden, hjælper indre disciplin os til at skabe orden i vores sind, som så kan blive styret i retning af Selvrealisering, som er det højeste mål.

Kapitel 10

Om handling, erfaring og det hinsides

mma siger, at vores daglige liv består af to primære elementer: handlinger og erfaring. Hvis vi ved, hvordan vi skal handle på den rigtige måde og hvordan vi skal forholde os til vores erfaringer, vil vores liv være relativt fredfyldt.

At handle på den rigtige måde betyder at handle uden at være knyttet til resultatet. I *Bhagavad Gita* erklærer Herren Krishna: *yogah karmasu kausalam*, som betyder "dygtighed i handling er yoga." Her mener Krishna ikke kun at vi skal være gode til at udføre en bestemt opgave. I så fald ville enhver dygtig handelsmand være en yogi. Det Krishna virkelig mener med dygtighed i handling er at bevare sindsroen, uanset hvad resultatet af vores handlinger er. Selvfølgelig mener han ikke, at det ikke er nødvendigt at have talent eller dygtighed. For eksempel findes der studerende, som ikke forbereder sig ordentligt til en eksamen, og som ikke bekymrer sig om hvorvidt, de består. Det kan ikke kaldes yoga. At gøre den bedst mulige indsats uden at bekymre os eller føle ængstelse for resultatet af vores handlinger kaldes yoga. At arbejde oprigtigt uden at tillade vores sind at fjerne sig fra det nuværende øjeblik er dygtighed i handling. Det er det, der menes med at "udføre handlinger for handlingens skyld."

Selvfølgelig håber vi alle, at vi består, hvis vi går op til en eksamen, og vi går ikke til en jobsamtale uden at forvente at blive ansat. Hvis vi overhovedet ikke har nogen forventninger, risikerer vi at miste motivationen til at udføre selv de gode handlinger. Så i stedet for ikke at forvente noget resultat kan vi forvente alle resultater. Det betyder, at vi kan forvente at blive ansat, men vi skal også forvente ikke at blive ansat. Vi tror måske, at det er lettere helt at afstå fra at handle. Men sandheden er, at vi som mennesker altid handler helt fra det øjeblik, vi fødes, indtil det øjeblik, vi dør. En af Ammas tilhængere plejede at prale med sin vane med at sove 12 eller flere timer om natten. Han anså det for at være en tjeneste til menneskeheden. "I det mindste gør jeg ikke skade på nogen, mens jeg sover," sagde han til mig. Men sandheden er, at vi ikke kan undgå handling; det er en naturlig del af, hvad det vil sige at være levende. Selv når vi sover, vil vores krop udføre ufrivillige handlinger på det fysiologiske niveau – vores hjerte slår, vores lunger indånder luft og vores blod sørger for, at ilt og næring cirkulerer rundt i kroppen.

I Bhagavad Gita, siger Herren Krishna:

na hi kaścit kṣaṇam api jātu tiṣṭhaty akarmakṛt
kāryate hy avaśaḥ karma sarvaḥ prakṛtijair guṇaiḥ

"Ingen er i stand til at undgå handling et eneste øjeblik; alle bliver hjælpeløst drevet til at handle af deres iboende natur."

III.15

Foruden vores fysiske og fysiologiske handlinger, handler vi også på det mentale niveau; selv tænkning er en form for handling. Selv når vi sidder stille, farer vores sind fra fortid til fremtid og tilbage igen. Så længe vi er identificeret med krop, sind og intellekt, er vi underlagt naturens love og er hjælpeløst drevet til handling. Det er vigtigt at forstå, hvordan vi kan handle på den rigtige måde under disse vilkår.

For eksempel køber nogle mennesker en lotteriseddel en gang om ugen. Selv om de ikke vinder i lotto, bliver de ikke ophidsede; de bliver ved med at forsøge. Jeg mener selvfølgelig ikke at vi skal forsøge at vinde i lotto. Det er blot et eksempel for at vise, at selv om det ikke lykkes for os at opnå et bestemt mål, skal vi ikke blive frustrerede eller deprimerede. Når der er en god mulighed for, at noget lykkes, skal vi blive ved med at prøve. Hvis vi anstrenger os oprigtigt og efter gentagne forsøg stadig ikke opnår målet, må vi acceptere det og se det i et positivt lys.

Det bringer os til et andet grundlæggende element i at leve et fredeligt liv: at forholde os til vores erfaringer på den rigtige måde, sådan at hver og en af vores erfaringer bidrager til, at vi udvikler os spirituelt, og at vi bevarer sindsroen. Amma siger, at der er flere måder vi kan gøre det på. Vi kan forsøge at se alle erfaringer, både de positive og negative, som om de kommer fra Gud eller Guruen. Ved at gøre det, lyver vi ikke for os selv. Selv om det er resultatet af vores karma, fungerer karma loven kun på grund af Gud. Så indirekte kommer det fra Gud. Selv de der ikke tror på Gud eller spirituelle love tror på, at vi i det lange løb vil vi få gode resultater, hvis vi gør gode ting og dårlige resultater, hvis vi gør dårlige ting. Alle er enige om, at resultaterne måske ikke kommer med det samme. Den eneste forskel mellem denne forståelse baseret på sund fornuft og det spirituelle perspektiv er, at ifølge loven om karma, kommer resultaterne måske endda ikke i denne livstid. Det er grunden til, at vi kan se nogle mennesker lide så meget, selv om de ikke virker til at have gjort noget galt i hele deres liv, mens der er andre, som kun udfører skadelige handlinger og tilsyneladende har fremgang. Den eneste forklaring i disse tilfælde er, at hver person erfarer resultater af handlinger, han eller hun har udført i et tidligere liv. På et senere tidspunkt i dette liv eller i det næste, vil et menneske være nødt til at opleve resultatet af de handlinger, han eller hun udfører nu, hvad enten de er behagelige eller smertefulde.

En mand sidder og læser avisen, da han hører det banke på sin dør. Da han åbner døren, møder manden en snegl på sit dørtrin. "God aften," siger sneglen. "Jeg samler ind for Sneglens Velgørende Fond. Vil du give et bidrag?" Han sparker til sneglen, så den falder og lander imellem nogle buske.

To uger senere banker det igen på døren, og sneglen er kommet tilbage. "Det var ikke særlig rart," udbryder den.

Alt, hvad der sker, er vores egen prarabdha eller resultaterne af vores tidligere handlinger, som det tilkommer os at erfare i dette liv. Der findes en gammel talemåde: "Dræb ikke budbringeren." Talemåden har sin oprindelse i krigsførelse, når den ene part sender en ubevæbnet person af sted for at overbringe et budskab til fjenden. Budbringeren skulle ikke straffes, selv om han overbragte dårlige nyheder; budbringeren gjorde kun sin pligt. Vi kan have en lignende indstilling over for alle, der behandler os dårligt. Alle, som kritiserer eller misbruger os kan vi se som ikke andet end en budbringer, der overrækker os resultaterne af tidligere handlinger. Det er universets lov, at hvis vi ikke har gjort noget for at fortjene uheld i dette liv eller et tidligere, vil der ikke ske os noget uheldigt. Derfor er der ingen grund til at blive vred på nogen, som behandler os dårligt; vi kan endda føle os taknemmelige over for ham eller hende, fordi vi bliver hjulpet til at udtømme vores tilbageværende prarabdha.

Samtidig skal vi huske, at i alle smertefulde og ubehagelige erfaringer, er der altid noget vi kan lære. Selv om vi med urette bliver bebrejdet for noget, kan vi lære fra vores måde at reagere på. Vi kan se situationen som en mulighed for at udvikle mere godhed, tålmodighed og kærlighed.

For mange år siden stod jeg et stykke væk fra Amma, mens Hun gav darshan, og jeg begyndte at skændes med en tilhænger. Jeg kan ikke længere huske, hvad vi skændtes om, men jeg husker, at Amma pludselig afbrød mig og kaldte på mig. Da jeg kom hen til Hende, sagde Hun. "Du ligner en ondu (en type firben i Keralas haver, som er kendte for at være specielt grimme) i ansigtet."

Da Amma sagde det, blev jeg ret overrasket. "Når alt kommer til alt," tænkte jeg, "har mange mennesker fortalt mig, at jeg ser pæn ud. Hvorfor siger Amma så det modsatte?"

I løbet af de næste par dage kaldte Amma på mig igen og gentog det. Selv om jeg blev oprørt over det, reagerede jeg ikke på det udadtil. Jeg accepterede bare Ammas ord. Den tredje gang Hun sagde det til mig, så jeg pludselig en begivenhed fra min fortid i et glimt for mine øjne. Det var en hændelse, som fandt sted før jeg havde mødt Amma, mens jeg stadig gik på college. På det tidspunkt havde jeg en ven, som så en lille smule mærkelig ud. En dag sagde jeg pludselig til ham: "Hej, du ser ud som en rotte i ansigtet." Jeg sagde det skødesløst og uden at tænke nærmere over det, men min ven tog det meget alvorligt. Bagefter talte han ikke til mig i flere dage, og nogle gange kunne jeg se på ham, at han havde grædt. Til sidst gik han hen til mig og sagde: "Ramakrishna, dét du sagde, sårede mig virkelig. Jeg har aldrig nogensinde haft det så dårligt, som da du sagde det." Jeg gav ham en undskyldning, men det blev aldrig helt det samme mellem os, og det var klart at han var blevet dybt såret over mine ord.

Det siges, at når man får et uskyldigt menneske til at græde, er det den mest sikre måde at blokere for at Guds nåde. Da jeg kom i tanke om hændelsen, forstod jeg, at det var Ammas måde at udtømme enhver negativ karma, jeg havde pådraget mig ved at sige de ord for så lang tid siden. Bagefter var jeg i stand til at acceptere Ammas ord med fred i hjertet.

De som tror på Gud tror også altid, at Gud giver os frugterne af de tidligere handlinger. For en virkeligt søgende eller en sand hengiven eksisterer der ikke nogen smerte eller lyst – alt er en gave fra Gud, eller en velsignelse fra Guruen.

Der findes en historie om en berømt rabbi, der hed Zushia, som levede for omkring 200 år siden. Rabbi Zushia var respekteret for at leve et fromt, enkelt og hengivent liv. I en by tæt ved der hvor Rabbi Zushia levede, var der en skole for rabbinere. De studerende, som læste *Talmud* kom til den passage, hvor der står: "Vi må takke Gud for det gode såvel som det dårlige". De studerende var forundrede. At takke Gud for det gode, det er forståeligt og fornuftigt, men at takke Gud for det dårlige? Det giver ikke mening.

De gik videre med spørgsmålet til lederen af skolen. Han strøg sit lange skæg og grundede over spørgsmålet. "Det er et spørgsmål som kun Rabbi Zushia kan besvare. Gå hen til hans hus og spørg ham!"

Rabbi Zushia boede i et afsondret område uden for byen. De studerende gik uden for bygrænsen og kom ind i skoven. De fulgte en smal sti og kom snart frem til en forfalden hytte, hvor rabbien holdt til. Vinduerne var knuste, taget så ud til at have brug for reparation og murene havde store revner. Da Rabbi Zushia hilste på dem og bød dem indenfor, så de, at han levede i yderste fattigdom. Der var kun få stole og de rokkede. De andre møbler var tarvelige og i dårlig stand.

Rabbien undskyldte, at han ikke kunne tilbyde dem noget at spise og spurgte, om et glas varmt vand måske ville være tilstrækkeligt.

De studerende forklarede, at de var kommet for at stille ham spørgsmålet: "Hvorfor står der i *Talmud*, at vi skal takke Gud for det gode såvel som for det dårlige?"

"Hvorfor kommer I og stiller mig det spørgsmål?" spurgte Rabbi Zuschia. "Jeg kan heller ikke forstå det. Der er aldrig overgået mig noget dårligt. Er det muligt for Gud at gøre noget dårligt?"

Det hengivne menneske har altid den tro, at Gud ved præcis hvad han eller hun har behov for og altid vil sørge for ham eller hende. Selv bitre erfaringer bliver accepteret for ens eget bedste, ligesom når man frivilligt tager en bitter medicin, hvis man ved, at den vil helbrede en sygdom.

Fra Vedanta synspunktet, som er den højeste spirituelle filosofi i Sanatana Dharma, er der en anden tilstand hævet over handling og erfaring, som kaldes *sakshi bhava*, eller vidnetilstanden. I vidnetilstanden identificerer vi os ikke med resultatet af handlingerne, og vi identificerer os ikke med selve handlingerne. Hvad vi end gør er en spontan reaktion på de omstændigheder, der opstår. Vi gør hvad der er behov for i en given situation, men i denne tilstand forbliver vi vidne til både vores handlinger og erfaring. Vi er kun identificeret med Atman, den Rene Bevidsthed der oplyser alt liv.

For det meste er vi ikke i stand til at gøre det. Når vi er sultne, eller når vi spiser eller når vi oplever smerte, er vi identificerede med kroppen. Når vi føler vrede eller sorg er vi identificeret med sindet. Og når vi træffer beslutninger, er vi identificeret med intellektet.

Døren til vidnetilstanden er lige foran os; den skjuler sig i de daglige aktiviteter, som opsluger så meget af vores energi og opmærksomhed. Når vi er sultne, er vi klar over at: "Jeg er sulten." Når vi er vrede, er vi klar over at: "Jeg er vred." Og når vi er forvirrede, er vi klar over at: "Jeg er forvirret." Det betyder, at kroppen, sindet og intellektet alle er objekter for vores observation. For hvert observeret objekt må der være et subjekt, som er opmærksom på objektet. Denne opmærksomhed, det evige subjekt, er vores *Atman*, vores Sande Selv. Identifikation med denne tilstand er den sande sakshi bhava.

Vi tænker på opmærksomheden i os selv som en opmærksomhed, der er adskilt fra opmærksomheden i den person, der er ved siden af os. Men de gamle Vise skuede dybt i det indre og fandt ud af, at den subjektive opmærksomhed ikke tilhører nogen bestemt – den er den samme i alle væsener.

Amma påpeger, at selv i vores daglige liv, kan vi møde denne store sandhed. Når vi introducerer os selv, siger vi: "Jeg er John" eller "Jeg er Lakshmi." Og vi kan måske også sige: "jeg er kristen" eller "jeg er jøde," "jeg er advokat," "jeg er munk" osv. I alle disse tilsyneladende forskellige udsagn, kan vi se, at "jeg er" er fælles. Det "jeg" er ikke forskelligt i forskellige mennesker, men er det samme Selv, som er tilstede i form af opmærksomhed i alle væsener. Amma siger, at det er ligesom det, vi oplever, når vi er til en begravelse. Da personen levede, sagde vi: "Der går Peter," men nu hvor personen er død, siger vi ikke længere sådan. I stedet siger vi: "Der er Peters krop". Det betyder, at Peter ikke er kroppen, men noget hinsides. Selv når nogen er i live, taler vi på en tilsvarende måde. Vi siger måske: "Hans krop er meget stærk" eller "Hans sind er meget svagt." Eller også: "Hun har et meget skarpt intellekt." Men vi overvejer det aldrig dybere: hvem er den han eller hun, vi refererer til?

Uanset om vi er klar over det eller ej, fornemmer vi, at der er noget, som hele tiden er hinsides kroppen, sindet og intellektet. Men vi er ikke i stand til at indarbejde den realitet i vores direkte erfaring. Amma illustrerer det med den følgende historie. En kvinde mister sin søn ved en bilulykke, og hun er forståeligt nok fortvivlet.

Hendes nabo trøster hende ved at referere til skrifterne og de Realiserede Mestres lære og siger til hende: "Du er ikke kroppen, du er Atman. Atman er altgennemtrængende, Atman fødes aldrig og dør aldrig. Så hvor kan din søn forsvinde hen?"

Den sørgende moder bliver stærkere af at høre naboens råd. En måned senere bliver naboens mand dræbt i en ulykke på sit arbejde. Kvinden, som mistede sin søn måneden forinden, forsøger at trøste sin nabo med den samme spirituelle visdom, som naboen videregav til hende. Men naboen er utrøstelig. Kvinden siger: "For blot en måned siden fortalte du mig alle disse spirituelle sandheder! Hvorfor lytter du ikke til dem nu?"

"Den gang var det din søn, der døde," sagde kvinden. "Men nu taler vi om min mand!"

Det er let at være vidne til andres erfaring, men når det gælder vores egen erfaring, er det en anden historie.

En gang underviste en pundit i Vedanta i en ashram i skoven. Punditten fortalte igen og igen de studerende: "Kun Atman, Selvet, er evigt – alt andet er maya (illusion). Fald aldrig i mayas fælde." Pludselig kom en stor hanelefant med lange skarpe stødtænder ud fra skoven og gik til angreb på ashrammen. Eftersom punditten sad på en forhøjning, der vendte mod skoven, var han den første, der fik øje på elefanten. Han var også den første, der begyndte at løbe. Da de så, at punditten løb, rejste de studerende sig også og løb efter ham. Da de var kommet i sikkerhed, sagde en af disciplene: "Ærede pundit, jeg vidste ikke, at du kunne løbe så hurtigt! Men du sagde for resten at alt er maya, men hvis alt er maya, hvorfor løb du så, da du så elefanten?"

Punditten, som allerede havde genvundet fatningen, svarede roligt: "Det er sandt, at elefanten er maya, men min flugt er også maya." Punditten var i stand til at undervise fra sit intellekt, men da han kom under pres fra omstændighederne, havde han ikke den mentale styrke til at efterleve læren.

Jeg læste en historie fra det virkelige liv om optagelserne til en film om Kristus' sidste timer. Da filmen blev optaget, foregav skuespilleren, som havde rollen som Jesus, at han blev pisket af stuntmænd, som holdt virkelige læderpiske, mens han udholdt mishandlingen med en tålmodighed og overbærenhed af den anden verden. Ved et tilfælde kom en af stuntmændene til rent faktisk at ramme skuespilleren med pisken. Som enhver af os måske ville have gjort i en lignende situation, gav skuespilleren med det samme et råb af smerte fra sig, og han blev vred og bandede af stuntmanden.

Det er let at lade som om, at vi er meget tålmodige og tilgivende, men under anstrengende omstændigheder falder vi – eller falder vi pladask – tilbage til vores negative reaktionsmønstre som vrede og utålmodighed. Alle kan citere skrifterne og sige: "Jeg er den Højeste Bevidsthed," men hvem af os kan omsætte det i praksis og manifestere virkelig guddommelige egenskaber i alle livets omstændigheder?

Et menneske, hvis sind er helt rent, er i stand til at erkende hans eller hendes sande natur blot ved at lytte til sin Mesters ord. Men for de fleste af os er det ikke nok, at Mesteren siger til os: "Du er den Højeste Væren." Det er fordi vores sande natur er tilsløret af lag af uvidenhed, som består af begær, tilknytninger og stærke identifikationer med det begrænsede ego. Amma fortæller denne historie.

En gang sendte en Guru to disciple til markedet for at købe forsyninger til ashrammen. Da de kom tilbage, havde en af dem tydeligvis fået en grov behandling, og den anden var rød i hovedet og vred.

Guruen spurgte disciplene, hvad der var sket.

Den første discipel sagde: "Han bankede mig gul og blå!"

Den anden discipel sagde: "Kun fordi han kaldte mig en abe!"

Guruen irettesatte den anden discipel og sagde: "Selv om jeg igennem mange år har sagt hundreder af gange: "Du er ikke kroppen, sindet eller intellektet", så har du aldrig troet på mig. Men når din broder en enkelt gang kalder dig en abe, tror du på ham." Selv om disciplen havde lyttet til Guruens ord og skrifternes redegørelser, var det ikke trængt dybt ind i hans hjerte.

Amma har mange gange demonstreret, hvordan et helt rent sind spontant reagerer på udsagn om det guddommelige og på stedet oplever guddommelighed. Da Hun kun var 16 år gammel kom Hun tilfældigt forbi en *Srimad Bhagavatam* oplæsning i et hus i nabolaget. Da oplæseren begyndte at læse historien om Herrren Krishnas liv, bragte det spontant Amma ind i en fuld identifikation med Herren. Alle i huset blev uimodståeligt tiltrukket af Hendes smukke smil og fortryllende sindstilstand. Det var begyndelsen på Ammas Krishna Bhava darshan.

I den store indiske episke fortælling *Ramayana* er Hanuman nødt til at rejse hurtigt til Lanka for at bringe et budskab til Sita, som er hans Herre Ramas elskede, der bliver holdt fanget af dæmonkongen Ravana. Hanuman er faktisk en gud og har mægtige kræfter, men i sin barnddom plejede han at plage Rishierne (seerne) med forskellige gavtyvestreger og grove løjer, og de forbandede ham, så han glemte sine kræfter. Senere velsignede de ham og sagde, at hvis nogen huskede ham på hans kræfter, ville han også huske dem og blive i stand til at bruge dem igen. Så da Hanuman stod ved kysten og fortvivlet kiggede i retning af Lanka, blev han omgivet af Herren Ramas hær af aber, som vidste, at kun Hanuman kunne springe til Lanka. Da de begyndte at synge og lovprise ham, huskede de ham på de skjulte kræfter, og så kunne han også selv med det samme huske sin guddommelige natur og beherske situationen, idet han krydsede havet og nåede frem til Lanka med et enkelt gigantisk skridt.

Ligesom Hanuman har vi glemt vores guddommelige natur. Mange af skriftstederne indeholder lovsange til vores Sande Selv for at huske os på, hvem vi virkelig er.

For at blive grundfæstet i oplevelsen af enhed med det Højeste fortæller skrifterne os, at vi er nødt til at følge en proces med tre trin – at lytte, reflektere og kontemplere. Det første skridt kaldes

sravanam, som betyder at lytte til (eller læse) skrifterne og de Store
Mestres lære. Vi læser i skrifterne og hører fra Mestrene, at vi ikke
er kroppen, sindet eller intellektet men i stedet Atman, som giver
liv til disse tre.

Men fordi sindet ikke er rent, opstår der tvivl, når vores Mesters
lære modsiger den daglige erfaring. Mesteren siger: "Du er uendelig
Eksistens, Bevidsthed og Lyksalighed." Men vores oplevelse er, at vi
er begrænsede, i lidelse og udsat for ødelæggelse. Derfor er skridtet
mananam (refleksion), som er den dybe refleksion over Mesterens
lære, det næste skridt efter sravanam. Når Mesteren siger til oceanets
bølge: "Du er ubegrænset," må bølgen først forstå at så længe den
identificerer sig selv med at være en bølge, er den begrænset, men når
den erkender sin sande natur er den et med det vidtstrakte ocean,
og den bliver ubegrænset.

En gang spurgte Herren Rama Hanuman: "Hvem er du?"

Hanumans svar er en smuk illustration af de forskellige per-
spektiver, hvormed vi kan nærme os det Højeste: "Oh Herre, når
jeg tænker, at jeg er denne krop, er jeg Din tjener. Når jeg tænker på
mig selv som *jiva* (individuel sjæl), er jeg del af Dig. Når jeg tænker
på mig selv som Atman, er jeg Dig. Det er min overbevisning."
Hanuman vidste, at hans forhold til Herren blev dybere afhængigt
af, hvor bredt et perspektiv han var i stand til at indtage.

Ved refleksion får vi forståelsen af, at vi ikke er begrænset krop,
sind og intellekt, men den ubegrænsede Bevidsthed. Når vi har den
intellektuelle overbevisning om, at det er Sandheden og ikke længere
har skyggen af tvivl, er vi nødt til at indoptage denne lære så dybt
indeni, at vi kan transcendere vores misforståede identifikation med
krop, sind og intellekt og blive fuldt identificerede med Bevidsthed.
Denne proces kaldes *nidhidhyasanam* eller kontemplation.

I kontemplation gør disciplen det til en vane hele tiden at tænke:
"Jeg er ikke kroppen eller sindet – Jeg er den rene Bevidsthed uden
begyndelse eller ende." Vores reaktionsmåde i en hvilken som helst
given situation er styret af den Sandhed. Ved uafbrudt at fastholde
tanker om Mesterens lære og oprigtigt følge Mesterens instruktioner,

bliver disciplen ren nok til at realisere Sandheden. Den Realiserede Mester er som en tændstiksæske, mens den fuldt modnede discipel er som en tør tændstik – et lille strøg hen over tændstikæsken er nok til, at der går ild i den. Men det er kun Mesterens nåde og vejledning, der kan bringe disciplen til en tilstand af fuld modenhed. Vi kan ikke tvinge søvnen til at komme. Vi kan lægge os i en behagelig seng, sikre os at rummet er mørkt og stille, og at vi er varme nok, men når det kommer til rent faktisk at falde i søvn, har vi intet andet valg end at vente tålmodigt. Ligesom tilskyndelsen til at sove jager alle andre tanker ud af sindet og får den trætte ind i soveværelset, vil den konstante kontemplation af den Vedantiske sandhed om nondualitet jage enhver anden tanke ud af disciplens sind. Men det er kun ved Guruens nåde, at disciplen bliver løftet ind i den højeste tilstand.

Den Vedantiske vej, eller realisering af Sandheden ved det direkte studie af og refleksion over Sandheden – som er uden navn eller form – er meget vanskelig. Den er faktisk ikke egnet for de fleste mennesker. Selv Adi Shankaracharya som genetablerede Advaita Vedanta filosofien om nondualismes overhøjhed, komponerede mange hymner for at prise den Guddommelige Moder fordi han vidste, at Advaita vejen var meget vanskelig at følge for de fleste mennesker. Buddha var talsmand for en essentielt nondualistisk vej og instruerede de, der fulgte ham i ikke at tilbede ham eller nogen form. Alligevel er den største religiøse statue i verden i dag af Buddha. Det viser at for langt størstedelen af alle mennesker er tilbedelsen af en formløs Gud vanskelig eller umulig.

I Bhagavad Gita, siger Herren Krishna:

kleso'dhikataras tesam avyaktasakta cetasam
avyakta hi gatir duhkham dehavadbhir avapyate

126

*"De, hvis sind søger det formløse, har større vanskeligheder;
det er svært for nogen med legemlig form at opnå det
formløse mål."*

XIII.5

For de fleste af os er det nok, at vi forsøger at handle og gøre os
erfaringer på en god måde. Hvis vi kan handle med forståelsen af,
at vi kun er instrumenter i Guds hænder eller huske, at vi har ret til
at handle men ikke til at afgøre resultatet af vores handlinger, kan vi
opnå en tilstand af sindsro i forhold til vores erfaringer, som ligner
vidnetilstanden. På hengivelsens vej vil vi også nå til et punkt, hvor
vi ikke bliver påvirket af godt eller dårligt, succes eller fiasko, glæde
eller sorg. Ved at overgive os til Guds vilje eller Guruens vilje bliver
vi ved med at gøre en indsats og gøre vores bedste for at nå målet,
men hvis det ikke lykkes eller vi er uheldige, accepterer vi det med
ro i sindet og fred i hjertet. Hvis vores anstrengelser bærer frugt,
accepterer vi også det som vores Mesters nåde.

Når vi besøger et tempel, tilbeder vi dets guddom og tempel-
præsterne tilbyder os prasad (noget spiseligt, som er blevet velsig-
net). Det kan være noget sødt, frugt eller nødder. Hvad det end er,
vi modtager, accepterer vi det som en dyrebar gave fra Herren. På
hengivelsens vej bliver dette princip udvidet til at gælde i alle livets
aspekter. Vi anser alle vores handlinger som tilbedelse af Guruen,
og vi anser resultaterne af vores handlinger og alle andre erfaringer,
vi får, som Guruens prasad. På den måde bliver vi hverken i godt
humør over succes eller deprimerede over fiasko. Vi er snarere til-
fredse hele tiden. Denne følelse af sindsro opstår, fordi vi gør vores
bedste for at overgive os til Gud eller Guruen. Via overgivelse giver
vi slip på vores ego, vores fornemmelse af "jeg" og "mit" og ser alt
som Gud eller Guruen alene.

På den ene vej ser vi alt som Gud, og på den anden vej ser vi alt
som Selvet. Amma siger, at når vi tilbeder Gud med form, vil det
føre os hen til et punkt, hvor det er meget let at realisere det Højeste

Selv. For en sand hengiven, som har opnået en tilstand af den højeste tilbedelse, vil Gud selv føre ham eller hende til realiseringen af den nonduale tilstand.

Kapitel 11

At sætte vognen foran hesten – om at forstå betydningen af tilbedelse

I disse tider stiller mange mennesker spørgsmålstegn ved at tilbede en guddom eller en levende Mester. Nogle gange bliver Amma spurgt: "Eftersom form i sidste ende er en illusion, går Vedanta så ikke imod tilbedelse af form?" Eller: "Hvis den Højeste Sandhed er uden navn eller form, hvorfor skal vi så meditere på en gud med egenskaber som Ganesh, Shiva eller Kali? Hvorfor skal vi meditere på en Guru?"

Alle som har læst en avanceret tekst som en af Upanishaderne kan stille den slags tilsyneladende intelligente spørgsmål, eftersom Upanishaderne priser kontemplation af den formløse Brahman som den højeste form for spirituel praksis. Mennesker med en stærk intellektuel tilbøjelighed kan måske få gavn af kontemplation af Brahman som en primær spirituelle praksis. Men uden ordentlig vejledning gør de sjældent noget virkeligt spirituelt fremskridt.

Selvfølgelig er studiet af skrifterne grundlæggende for enhver spirituelt søgende, men når vi begynder at læse skrifterne, skal vi være forsigtige. Nu til dags er mange af skrifterne blevet let tilgængelige. De er blevet oversat og udgivet på mange forskellige sprog, og de er endda tilgængelige på internettet. Men i mange af de engelske oversættelser mangler den dybere forståelse af det, der står i skrifterne. For eksempel betyder sanskrit ordet *pashu* "dyr". I nogle af de mest udbredte oversættelser af et vers med dette ord kan man læse, at skrifterne opfordrer til ofring af dyr, mens en mere korrekt oversættelse er, at skrifterne fortæller os, at vi skal overskride vores dyrelignende tendenser og opleve enhed med det Universelle Selv, Atman.

En gang gjorde *devaer* (himmelske væsener), *asuraer* (dæmoner) og mennesker alle sammen *tapas* (askese). Pludselig hørte de lyden "da" give genlyd gennem luften. De anså alle lyden for at være et budskab fra Gud, men hver af dem fortolkede budskabet på forskellig vis. Menneskerne troede, at "da" betød *danam*, eller godgørenhed. De troede, at Gud bad dem om at være mere generøse. Asuraerne troede, at "da" betød *daya*, eller medfølelse. Og devaerne troede, at lyden betød, at de skulle udvise mere damam, eller mere beherskelse af sanserne. Ikke overraskende var menneskenes største svaghed selviskhed, asuraerne var grusomme og ubarmhjertige, og devaerne hengav sig hele tiden til de himmelske sfærers fornøjelser. Hver af dem forestillede sig, at Gud bad dem om at udvikle en dyd, som svarede til deres respektive svaghed.

På samme måde vil ethvert menneske fortolke skrifterne ud fra hans eller hendes forståelsesniveau.

Skrifterne er blevet nedskrevet ret sent. I gamle dage blev der undervist mundtligt i skrifterne i *gurukula* (traditionelle skoler). Guruen fremsagde skrifterne, og de studerende var i stand til at huske det hele og fra hukommelsen undervise deres disciple. Det er årsagen til, at et andet sanskrit ord for skrifter er *shruti*, eller "det som kom ned via hørelsen." Fordi de studerende var i stand til at høre læren direkte fra Guruens mund, var der ingen misforståelser. Nu er det hele skrevet ned, så alle kan læse det og blive forvirrede. Vi er allerede forvirrede og ved at læse avancerede skrifter bliver vi kun endnu mere forvirrede. Hvis vi i begyndelsen havde en klarhed, vil den forsvinde, når vi læser disse skrifter uden en Realiseret Mesters vejledning.

Det er godt at starte med *Bhagavad Gita*, men før vi begynder at læse denne meget kendte tekst, anbefaler Amma altid, at vi udvikler positive egenskaber som uskyld, hengivenhed og overgivelse til Gud. For at gøre det, må vi læse bøger om de store disciple af Gud, som har en overflod af disse positive egenskaber. Det er meget vigtigt, at vi udvikler de positive egenskaber, før vi begynder at studere skrifterne, for i skrifterne står der, at vi er det Højeste Selv, og at alt andet er en illusion. Hvis vi studerer skrifterne først og uden at udvikle de nødvendige egenskaber, vil vi begynde at tænke: "Hvorfor skal jeg udføre spirituel praksis, hvorfor skal jeg opsøge en Mester? Jeg er sandheden, derfor kan jeg gøre alt, hvad jeg ønsker."

For at illustrere det fejlagtige ved holdningen, bruger Amma eksemplet med et frø og et træ. Selvfølgelig kan et stort blomstrende træ give skygge, frugt og blomster til de, der kommer forbi. Men kan frøet bryste sig af at kunne tilbyde den slags gaver til verden? Selvom træet er indeholdt i frøet, må frøet først ned under jorden, åbne sig, sætte rødder, blive et skud og langsomt vokse op og blive et træ. Hvad nytter det, at almindelige mennesker går rundt og siger "Jeg er Brahman". Vi må erfare det først.

Vi kan ikke blive grundfæstede i erfaringen af Sandheden bare ved at læse avancerede tekster, men samtidig er det kun gennem viden, at vi opnår Selv-realisering. Meditation, seva og anden spirituel praksis gør vi kun for at rense vores sind: de kan ikke føre os direkte til oplysning. Det er fordi Selvet ikke skabes påny; Selvet er der allerede. Det er altgennemtrængende og har altid eksisteret. Når vi opnår oplysning, opnår vi faktisk ikke noget, men vi erkender eller realiserer sandheden om dét, der allerede er. Det er grunden til at det kaldes Realisering. Hvis vi for eksempel taber vores briller, leder vi efter dem alle steder. Men hvad sker der hvis nogen husker os på, at vi allerede har brillerne på? Fik vi noget, vi havde mistet? Vi havde brillerne på hele tiden – vi var bare nødt til at opdage det.

Det er grunden til, at vi ikke kan realisere Selvet ved at gøre noget bestemt som f.eks. at sige et bestemt antal mantraer eller meditere et bestemt tidsrum. Det sker snarere som når solen, der er skjult bag skyer, bliver afsløret ved at skyerne driver bort. Når vores indre urenheder, vasanas og andre mentale forstyrrelser langsomt forsvinder ved vores spirituelle praksis og Guruens nåde, opstår virkelig jnana (viden om at vi er Selvet) naturligt og uden anstrengelser indefra. Når vi bliver klar over, at "Jeg er Brahman" – med samme urokkelige vished, som vi nu er klar over at "Jeg er et menneske" – er det Selv-realisering.

Da jeg kom til ashrammen for mere end 27 år siden, var Sri Ramakrishna Paramahamsas liv og lære den første bog Amma bad mig og de andre brahmacharier om at læse. Når vi læser bøger om Store Mestre, som har så meget hengivenhed, ydmyghed og uskyld renser det vores hjerter. Hvis nogen er egoistisk og stolt gør det ikke indtryk. Men når vi læser om nogen, som virkelig er ydmyge og uskyldige, vil det gøre indtryk på os. Amma siger at et uskyldigt hjerte i al sin enkelhed er nøglen til spirituelt fremskridt: "En som virkelig søger Sandheden vil være ydmyg og enkel. Guruens nåde tilfalder kun sådant et menneske. For virkelig at leve spirituelt og få en sand spirituel erfaring, må man udvikle kvaliteter som kærlighed, ydmyghed og uskyld."

Når vi læser skrifterne, kan vi finde beskrivelser af forskellige spirituelle praksisser. Men disse praksisser er ikke for alle. Uden vejledning fra en Sand Mester vil det være meget vanskeligt for os at vide hvordan vi skal praktisere. Amma giver et eksempel. Hvis vi drikker en dosis af en kraftig og styrkende urtedrik, kan det gavne vores helbred, energi og vitalitet. Den styrkende urtedrik er god for os, men hvis vi drikker hele flasken og tror, at vi får mere gavn af det, vil det ødelægge vores helbred. Hvis vi nøjes med den foreskrevne dosis, vil det være meget gavnligt for os.

I 1987 under en af Ammas første verdensture læste en af brahmacharierne på en flaske blommejuice og så, at den var fyldt med C vitatminer. Lægen havde rådet ham til at få flere C vitaminer, så han besluttede sig til at drikke hele flasken. Det var på det tidspunkt første gang vi var uden for Indien, og vi havde aldrig før set juice på flaske. Brahmacharien var meget tilfreds med at han havde drukket hele flasken og fortalte os andre hvor mange C vitaminer, han havde indtaget. Inden for få timer fik han en frygtelig diarre, som fortsatte i tre dage, hvor han ikke engang kunne deltage i Ammas programmer.

Hvis nogen med kendskab til blommesaft havde advaret ham mod at drikke så meget, ville den anbefalede dosis have gavnet ham. Når vi begynder at interessere os for spiritualitet, bliver mange af os tiltrukket af de mystiske vers og løfterne om evig lyksalighed, som vi kan læse i skrifterne og de spirituelle bøger; problemet opstår, når vi forsøger at omsætte de spirituelle principper i praksis. Vi har behov for en Mesters vejledning for at vide hvilken sp, spirituel praksis, som er god for os og hvor meget vi skal praktisere hver dag.

Det 12. kapitel i *Bhagavad Ghita* beskriver hengivelsens vej som en bevægelse fra *saguna* (med form) til *nirguna* (formløs). Denne rudimentære forståelse af vejen er selvfølgelig grundlæggende, men vi kan kun omsætte det i praksis med vejledning fra en levende Satguru. Den Sande Mester er kulminationen på al den lære, der findes i skrifterne. Han er ikke kun legemliggørelsen af læren men også den personlige kontakt, vi har brug for, hvis vi skal fortsætte på vejen. Selvom der måske er en Buddha eller Ramana Maharshi [6] mellem millioner af mennesker, er det for alle andre kun muligt at overskride sindet og nå det uendelige, hvis man får vejledning fra en Realiseret Sjæl, som allerede har opnået den tilstand.

Det kræver ikke store anstrengelser at huske, hvordan vi var før vi mødte Amma. Vi havde måske læst nogle spirituelle bøger eller prøvet at meditere, men vores udvikling var middelmådig i sammenligning med, hvordan vi er i stand til at udvikle os i Ammas nærvær. Hvis vi ikke havde mødt Amma, ville vi næsten ikke have forandret os. Indtil vi møder Guruen, er den spirituelle lære

---

[6] Ramana Maharshi, den Vise fra Arunachala realiserede Selvet i en alder af 18 år efter at have ligget på gulvet og forestillet sig, hvordan det ville være at dø. Der er andre eksempler på de, der har opnået Befrielse/Frigørelse uden vejledning fra en Guru, men de er meget få. Disse individer har sikkert haft en Guru i tidligere liv og har stået på randen af Selv-realisering ved deres død, sådan at de kun har haft brug for et blidt puf – eller kun havde brug for at udslukke en lille mængde af den tilbageværende prarabdha – for at nå målet.

teoretiske begreber, som vi ikke fuldt ud formår at omsætte i praksis. Selv når vi praktiserer i et stykke tid, vil alt falde til jorden igen, når svære omstændigheder opstår, og vi må begynde forfra. Selv de, der tilbeder det formløse, har en Guru, som guider dem. Nisargdatta Maharaj havde en Guru, som instruerede ham, og ved en stærk tro på sin Gurus lære, var han i stand til at nå målet på kort tid. Efter at være blevet fuldt etableret i den nonduale tilstand, tilbad han sin Gurus billede indtil sidste åndedræt. Amma siger: "En sand discipel kan måske sige "Jeg er ét med Gud," men han eller hun vil aldrig sige "Jeg er ét med Guruen", selv efter at have erkendt sin enhed med hele universet. Disciplen ved, at det kun var Guruens nåde, som gjorde ham i stand til at opnå tilstanden af Realisering og derfor vil han altid have en følelse af den største ærbødighed og hengivenhed over for Guruen.

Hvad enten vi tilbeder Gud med form eller kontemplerer den formløse Brahman, vil den spirituelle vej for de fleste af os være en lang proces, som kræver meget tålmodighed og hårdt arbejde. Vi vil ikke være i stand til at opretholde den fornødne indsats og anstrengelse uden den konstante inspiration og vejledning, som vi får fra Guruens form. Amma tilbyder denne inspiration og vejledning, og Hun giver den altid på det helt rigtige tidspunkt. Vi kan måske være dybt fortvivlede og lige ved at opgive håbet, men så kan en omfavnelse eller et blik fra Amma fuldstændig forandre vores humør og få os til at fortsætte i månedsvis.

En grund til at mange mennesker i dag foretrækker meditation på den formløse Absolutte er, at det virker som en genvej. Eftersom Sandheden siges at være hinsides navn og form, kan det synes hurtigere og mere fornuftigt at begynde med den formløse meditation med det samme og undgå hele processen med at tilbede en form for at rense sindet. Men uden den rette vejledning i denne form for spirituel praksis, bliver vi let offer for vores sind, som kun handler ud fra personlig tiltrækning og frastødning. I dag kan de fleste af os ikke lide at blive kontrolleret eller fortalt, hvad vi skal gøre. Vi føler, at der allerede er for mange autoriteter i vores liv. Vores forældre og lærere er vores autoriteter, indtil vi bliver voksne, vores ægtefælle er vores autoritet, efter vi er blevet gift, vi har en chef på arbejdet og så videre. På samme måde bliver Gud eller Guruen opfattet som endnu en autoritet – den spirituelle chef. Vi kan måske sige: "Jeg ønsker fred i sindet, jeg ønsker ikke at ryste af skræk for en ærefrygtindgydende autoritetsfigur i kirken eller templet. Kontemplation af det formløse er bedst for mig."

Men indstillingen hænger sammen med en misforståelse af, hvad Gud eller Guruen er. Når man har en levende Guru, forandrer det ens perspektiv fuldstændigt. Vi ved af erfaring, at vi ikke kun opfatter Amma som en ærefrygtindgydende autoritetsfigur. Den disciplinerende rolle er en del af Hendes eksistens, men Hun spiller også alle mulige andre hovedroller i vores liv: mor, far, elsket, søster, bror, selv søn og datter. Disciplen ved, at dét Guruen siger, er for hans eller hendes eget bedste, og des mere disciplen adlyder Guruen, des mere øser Guruen af hans eller hendes nåde i form af mere instruktion og vejledning.

Der er et utal af ulemper ved at praktisere meditation på det, der ikke har egenskaber. Først og fremmest kan vi ikke forestille os egenskaber uden sammenhæng med form. Vi er kun i stand til helt at forstå de dyder, der bliver præsenteret i skrifterne, når vi ser dem gennem det fysiske mellemled, som Amma er. Det er som at forestille sig sødmen i Ammas smil uden Hendes læber og tænder, eller Hendes medfølende blik uden hendes øjne. Det samme sker, når vi forsøger at kontemplere en formløs, uforanderlig Gud uden egenskaber. Fordi vores sind ikke er rent nok til ordentlig kontemplation, har vi brug for et objekt, som er kendetegnet ved de egenskaber, vi forsøger at udvikle.

Amma siger: "Hvis en restaurant kun serverer en ret eller et varehus kun sælger en størrelse sko, hvor mange mennesker kan så få nytte af det? For at passe til forskellige menneskers smag og behov er vi nødt til at tilbyde forskellige retter eller sko i forskellige størrelser. På samme måde vidste Rishierne, at vi mennesker er forskelligt sammensat. Derfor findes der forskellige guddomme, som har forskellige egenskaber og ser forskellige ud, sådan at forskellige mennesker kan vælge at tilbede den guddom, der passer bedst til dem. Det er godt at fokusere opmærksomheden på en guddom, men vi skal have en forståelse af, at ligesom det er samme elektricitet, der giver strøm til køleskabet, airconditioningen, elvarmeren og elpæren, er det samme guddommelige princip, som er ophav til alle guddomme."

Der findes en historie om en brahmachari, som mediterede på det formløse, da han kom til Ammas ashram. En dag tog Amma pludselig et billede af gudinden Kali ned fra væggen, Hun gav det til ham og fortalte ham, at han skulle meditere på det i stedet for at fortsætte sin nuværende praksis. Hun vidste, at han plejede at meditere på Kali og kun var begyndt sin meditation på det formløse efter et råd fra én, der var godt kendt i skrifterne. Amma sagde: "Du er ikke moden nok til at meditere på det formløse. Derfor, skal du meditere på denne form af Moderen. Uden kærlighed kan intet opnås. Dit sind er blevet meget hårdt. Stænk kærlighedens vand og gør det blødt." Amma gav ham et billede, hvor Kali befandt sig i den samme stilling, som han plejede at meditere på. Det var kun, fordi han havde en Guru som Amma, at han undgik den store forhindring, som ellers ville have været på hans vej.

Amma siger: "Templer opstod i senere perioder, da menneskers sind var blevet for grove til den indre renselse. Rishierne vidste, at menneskerne i de kommende tidsaldre ville være ude af stand til at begribe de fine sandheder, medmindre de blev fremlagt på en anden måde." Tilbedelse af form begynder som en tilbedelse af en bestemt personlighed og modnes senere, når den tilbedende forstår de principper og idealer, som fungerer under deres guddoms overfladiske egenskaber. Det er en udviklingsproces fra det personlige til det upersonlige. I begyndelsen er tilknytningen til form meget vigtig, fordi det er den eneste måde, vi kan indoptage det grundlæggende princip bag formen og indarbejde det i vores liv. Uden tilknytning til Ammas form vil vi ikke være i stand til at opnå den fulde indsigt i alle Hendes bhavas (humør/tilstande) og lilas (guddommelige lege), hvorved Hun viser os, hvilke dyder vi har brug for at udvikle.

Om det avancerede stadie af meditationen på form siger Amma: "På et vist stadie vil alle former smelte og forvinde, og man vil nå den Formløse Tilstand. Den højeste tilbedelse er ren Vedanta. En sand hengiven ser alt som gennemsyret af Gud. Han ser ikke noget andet end Gud alle steder. Når en hengiven siger: "Gud gennemtrænger alt" siger den praktiserende af Vedanta: "Brahman gennemtrænger alt."

Amma sammenligner det med et ville klatre op i et træ med et enkelt spring, når vi fokuserer på det formløse uden først at udvikle de rigtige egenskaber og forberede sindet. Ikke alene vil det ikke lykkes for os, men vi kan også falde og komme til skade. Det kan også beskrives med et andet eksempel "at sætte vognen foran hesten" – vi kommer ingen vegne, hvis vi gør det. For at komme fremad på den spirituelle vej, er vi nødt til at spænde hesten for vognen – det vil sige at vi må forstå vigtigheden af tilbedelse med form og acceptere den som et grundlæggende stadie i vores spirituelle praksis. En lærd i skrifterne kan måske forstå ideen bag udviklingsprocessen fra form til det formløse, men alle har behov for en Guru for at omsætte den teoretiske forståelse til praksis. Når disciplen opnår de avancerede stadier af spirituel praksis, er Guruens form det mellemled, som giver den nødvendige vejledning i den formløse meditation.

Vi skal ikke tage vores forhold til Amma for givet. I dette forhold findes der alt hvad vi har brug for; forholdet indeholder al spiritualitet. Forholdet til en Guru fører os hen ad den spirituelle vej fra begyndelsen til enden, giver os al den inspiration vi har brug for og fjerner alle barrierer vi møder på vores vej. Hele tiden at være i forbindelse med Guruen er også den mest virkningsfulde måde at fjerne egoet, når det dukker op. Guruen vil endda føre disciplen til formløs meditation, når han eller hun er klar. Det er således Guruen, som fører disciplen hinsides sindets begrænsninger, sådan at han eller hun når den Højeste Tilstand.

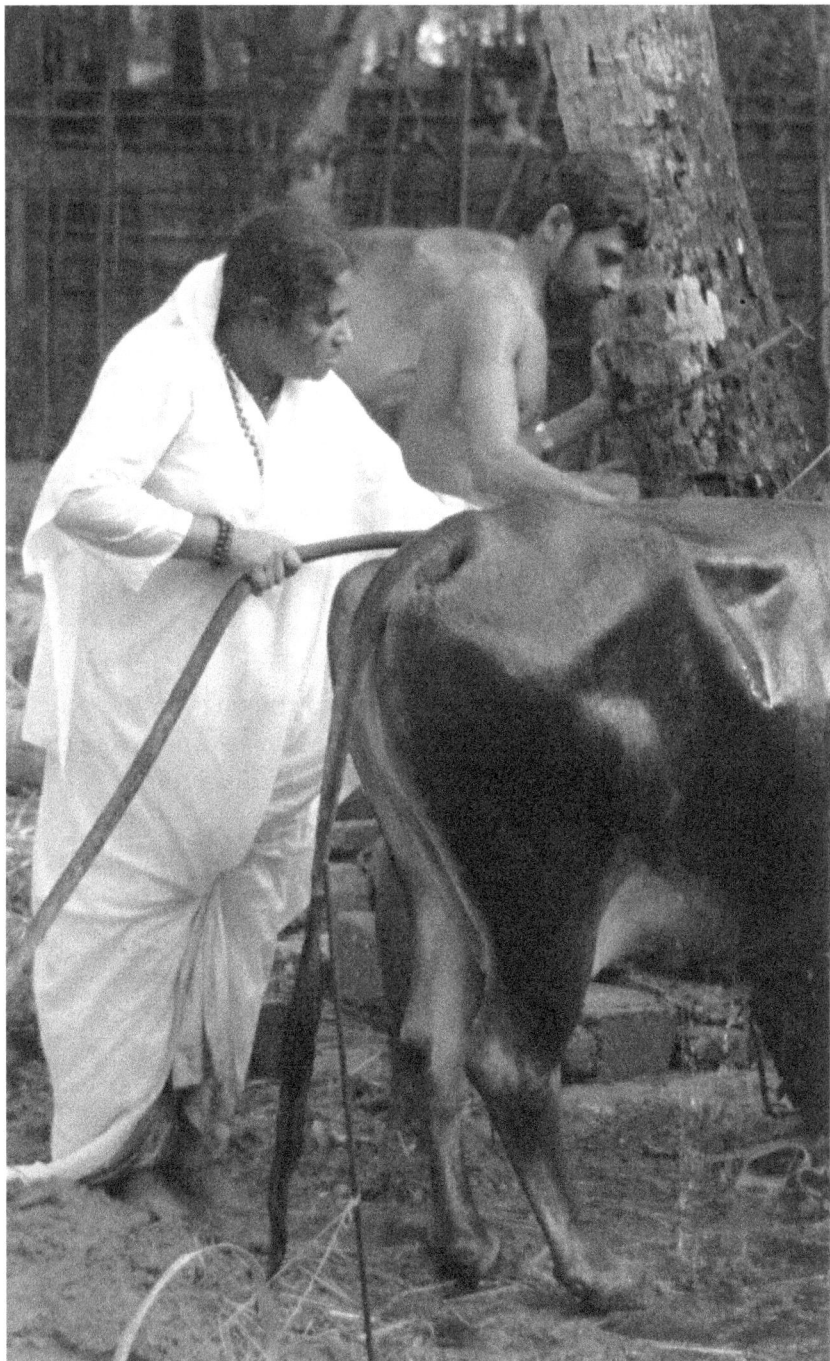

Kapitel 12

At se godhed er at se Gud

En gang var der en, som spurgte Amma: "Hvad er den bedste måde at se Gud i alle?"
Amma svarede, at den bedste måde at se Gud alle steder er et se godhed overalt. Ved at gøre det, snyder vi ikke os selv. Amma påpeger, at selv en morder vil have følelser af kærlighed og omsorg for sit eget barn. Således er der godhed i alle. Amma siger, at denne godhed er Gud.

Mens Amma kun får øje på det gode i alle, er mange af os kun i stand til at se andres fejl. For mange år siden kom en tilhænger til Amma, fordi der var alvorlige økonomiske problemer i hans firma. Selv om han vidste, at ashrammens økonomi var dårlig på det tidspunkt, håbede han, at Amma på en eller anden måde ville hjælpe ham. Han lovede, at han ville give pengene tilbage, når hans firma igen fik indtægter. Da Amma så hans ynkelige tilstand, hjalp Hun ham selv om det betød flere afsavn for ashrammen.

Nogle få af os brød sig ikke om, at Amma gav penge væk, når vi havde så få. Jeg var ledende kasserer i en bank på det tidspunkt og var meget bekymret for ashrammens økonomiske situation. Da manden ikke kom tilbage med pengene, efter at hans forretning var begyndt at gå bedre, blev nogle af brahmacharierne i ashrammen meget ophidsede og ville tvinge ham til at give pengene tilbage. Uden at sige noget til Amma gik et par stykker af os hen til hans hus for at presse ham til at give pengene tilbage. Vi brugte stærke ord og insisterede på, at han kom tilbage med pengene med det samme eller også forberedte sig på at se konsekvenserne i øjnene. Men vores anstrengelser var nytteløse.

Før vi tog et mere drastisk skridt, spurgte jeg Amma, hvad vi skulle gøre. Amma svarede roligt: "Hvad så, hvis han ikke giver pengene tilbage? Han er også min søn, præcis ligesom du, er han ikke?" Jeg troede, at jeg havde udvist oprigtig interesse og hjulpet ashrammen ved at følge op på sagen. Da jeg hørte Ammas svar, gik luften ud af min ballon. Mens jeg kun havde haft øje for pengene og havde fordømt manden for ikke at give dem tilbage, så Amma os alle sammen på samme måde. Amma siger altid, at det er personens negative handlinger, der skal fordømmes og ikke selve personen. Vi er alle grundlæggende set den samme Atman.

Når vi som en vane fokuserer på det, vi ikke kan lide ved en person eller situation, kan vi endda ende med ikke længere at være i stand til at påskønne det, der virkelig er værdifuldt for os.

En gang sad en gift mand på sit kontor og gennemså nogle byggeplaner sammen med sin sekretær. De sad tæt og lagde ikke mærke til, at et af hendes lange sorte hår satte sig på hans hvide skjorte. Da han kom hjem, så konen sekretærens hår på skjorten og begyndte at græde.

"Åh, her er beviset på, at du har haft en affære med din sekretær!"

Først da lagde manden mærke til håret, og han forsøgte at forklare sig, men det var til ingen nytte. Dagen efter sikrede han sig, at der ikke var hår på hans tøj. Lige før han nåede hjem så han en person, der gik tur med en stor hund med lang, gyldenblond pels. Hunden udviste interesse for ham, og manden kælede lidt med den. Hunden gned sig op ad mandens ben og forsøgte at slikke ham. På det tidspunkt satte der sig et par gyldenblonde lange hår fast på hans bukser, men han lagde ikke mærke til det.

Han kom ind ad døren med en buket roser i hånden og sagde: "Skat, jeg er hjemme!"

Hans kone så slet ikke op; hun gennemgik nøje alt hans tøj for at se om der var hår. Da hun fik øje på hundens gyldenblonde hår, brast hun i gråd.

"Hvad er der, skat? Hvad er der galt?"

"Der er gyldenblonde hår på dine bukser! Du har ikke kun en affære med din sekretær, men også med min bedste veninde!" Manden vidste ikke sine levende råd. Den næste dag sikrede han sig, at der ikke var en eneste støvgran noget sted på hans tøj. Han sørgede også for at krydse gaden hver gang han så en person med en hund. Tryg ved tanken om at han havde taget alle nødvendige forholdsregler kom han tillidsfuldt hjem og råbte: "Hej skat, jeg er hjemme!" Han havde både taget en æske gourmetchokolader og nogle billetter til en ferie på Hawai med til sin kone.

Men hun granskede ham igen fra top til tå, og da hun denne gang ikke kunne finde noget, beklagede hun sig endnu mere højlydt end de andre dage.

"Hvad er der galt, skat? Du har ikke fundet noget hår, vel?"

Konen hulkede: "En ting er, at du har en affære med din sekretær, det er endnu værre, at du også ser min bedste veninde, men jeg havde dog aldrig troet, at du ville vælge en skaldet kvinde!"

Selv når andre forsøger at vise os kærlighed vil vi ikke kunne tage imod det, hvis vi har et lukket hjerte. Den følgende historie kommer fra den jødiske tradition og handler om det værdifulde ved altid at se det gode i de situationer, vi kommer ud for.

Rabbi Moshe foretog en rejse til et fremmed land. Han tog et æsel, en hane og en lampe med sig. En nat blev han i en landsby nægtet husly i alle huse og havde ikke noget andet valg end at overnatte i skoven.

Han tændte sin lampe for at studere de hellige bøger inden han gik i seng, men en hård vind blæste forbi og væltede lampen, så den blev knust. Rabbien besluttede sig for at gå i seng, idet han sagde: "Alt hvad Gud gør, gør han godt". I løbet af natten kom nogle vilde dyr og jagede hanen væk, og der var nogle tyve, som stjal æslet. Selv da rabbien vågnede og fandt ud af det, var han ved godt mod og sagde: "Alt hvad Gud gør, gør han godt".

Rabbien gik tilbage til den landsby, hvor han var blevet nægtet husly og opdagede, at fjendens soldater i løbet af natten havde gjort indtog der og dræbt alle indbyggerne. Han fandt også ud af, at soldaterne var fortsat gennem den del af skoven, hvor han havde sovet. Hvis lampen ikke var blevet knust, var han blevet opdaget. Hvis hanen ikke var jaget væk, ville den have galet og afsløret ham. Og hvis æslet ikke var stjålet, ville dets brægen have røbet ham. Endnu en gang erklærede Rabbi Moshe: "Alt hvad Gud gør, gør han godt".

Strategien virker to veje. Når vi er i stand til at se Gud overalt, vil vi se det gode i alle og huske, at alle mennesker og ting er en værdifuld del af Guds skabelse.

En dag mødte vismanden Adi Shankaracharya en person fra en lav kaste, som traditionelt blev anset for at være urørlig. Shankaracharya bad ham om at gå til side, så han kunne komme forbi. Uden at flytte sig spurgte den urørlige den vise: "Hvad er det du ønsker at flytte fra vejen? Denne krop eller det iboende Selv?" Han fortsatte: "Store Asket, du har fundet ud af, at det Absolutte findes alle vegne, i dig og i mig. Er det denne krop, som består af de fem elementer, som du godt vil holde på afstand af den krop, som også består af de fem elementer? Eller ønsker du at adskille den rene Opmærksomhed som er tilstede her fra den samme Opmærksomhed som er til stede der?"

Shankaracharya erkendte straks sin fejltagelse. Han bøjede sig dybt for manden og på stedet komponerede han fem vers, hvor han erklærede, at hvem der end udviste et sådant storsind, var hans Guru. Da vismanden havde fuldendt versene, forsvandt den urørlige og i hans sted stod Herren Shiva, den oprindelige Guru.

Mange mennesker siger, at hvis der er en Gud, kan de ikke forstå, at der findes så meget lidelse i verden. Amma siger, at i Guds skaberværk er der ingen lidelse. På menneskers niveau findes der både sorg og glæde, og vi oplever både smerte og velvære. Men på Guds niveau er der hverken sorg eller glæde, kun lyksalighed. Det er derfor skrifterne refererer til den Højeste Væren som *anandaswarupam*, eller lyksalighedens form. Det er mennesker, som har skabt lidelsen. Den følgende historie illustrerer det.

En gang var der en, som beklagede sig til solen: "Hvorfor efterlader du altid halvdelen af verden i mørke? Hvis du virkelig elskede verden, ville der så ikke være lys overalt?" Da solen hørte det, blev han både forvirret og bekymret. Han spurgte personen: "Er der virkelig en del af verden, som altid er i mørke? Kan du vise den til mig?"

Personen indvilligede og førte solen rundt i verden for at se mørket på den anden side. Men hvor solen end kom hen var der kun lys. Til sidst havde solen været hele verden rundt, og den havde ikke set mørke noget sted.

At spørge Gud, hvorfor der findes så meget lidelse i verden, er som at spørge solen hvorfor der findes mørke. Hvor solen er, findes intet mørke. På samme måde findes der ingen lidelse fra det menneskes synsvinkel, som har realiseret sit Sande Selv.

Vi har alle så mange problemer, og vi beklager os ofte. I dagene og ugerne op til at vi skal se Amma, prøver vi måske at formulere vores problemer og spørgsmål, så vi kan dele dem med Hende, når vi modtager Hendes darshan. Men hvad sker der? For det meste kan vi slet ikke tænke på nogen problemer i det øjeblik, vi når Ammas skød. Alle vores lidelser forsvinder. Mesteren er som et spejl, der reflekterer vores Sande Selv. I Ammas nærhed får vi en forsmag på hvad det vil sige at være hinsides sorg og også hinsides glæde – det er Selvets lyksalighed.

I stedet for at se på livets problemer ud fra en negativ synsvinkel, kan vi opnå meget ved at have en positiv tilgang til alle livets situationer.

Jacques Lusseyran, som var en fransk universitetsprofessor, blev blind i en alder af 8 år, og 10 år senere blev han udsat for en forfærdelig ondskab i Nazitidens KZ lejre. Han skrev senere: "Glæde kommer ikke udefra, for alt hvad der sker for os er i det indre." Hvis Lusseyran kunne finde indre fred selv under de mest rædselsvækkende omstændigheder, har vi bestemt evnen til at transcendere enhver form for vanskelighed i vores eget liv og erfare lyksalighed, uanset vores ydre omstændigheder.

For nogle år siden kom en rejsende ved et tilfælde til Ammas ashram i Indien og blev der i et stykke tid. Jeg så ham ikke til nogen af de faste programmer i løbet af de første par dage, så jeg blev lidt bekymret for, hvordan det gik, og spurgte ham, om han fik noget ud af sit ophold?

Han sagde: "Det er et meget fredfyldt sted, men der er nogle ting, der går mig på nerverne".

"Hvad er det for nogen ting?" spurgte jeg, og den besøgende begyndte at forklare mig, hvad det drejede sig om. "Jeg står meget tidligt op for at meditere, men så begynder det forfærdelige postyr i templet." Han refererede til archana. "Så er alt dejligt og roligt indtil omkring kl. 11 eller deromkring. Men så er der igen så mange mennesker og så meget postyr i templet, hvor folk synger og larmer." Her refererede han til Ammas darshan. "Så er det igen skønt og fredeligt i et stykke tid, indtil der kommer nogle meget støjende sange om aftenen." Denne bemærkning refererede til Ammas bhajans. "Men alt i alt, føler jeg mig meget fredfyldt, så jeg kan ikke få mig selv til at tage afsted."

Den rejsende var ikke klar over, at alle de ting han ikke brød sig om ved ashrammen – archana, Ammas darshan og bhajans – var det, der skabte den fredfyldte, hellige stemning, som han nød så meget.

Efter at have talt med denne rejsende, huskede jeg en historie, som en af Ammas brahmacharier fortalte mig om sit besøg i et kloster i Japan. Da han nærmede sig området, blev han med det samme slået af den idylliske beliggenhed og de meget fredfyldte omgivelser. Da brahmacharien kom ind på klosterets område følte han et øjeblik et stik af misundelse. Han tænkte ved sig selv: "Hvor er disse mennesker heldige, at de har sådan en fredfyldt meditativ atmosfære, hvor de kan udøve deres spirituelle praksis. Når jeg tænker på, hvordan jeg selv lever. Jeg har aldrig mulighed for at blive længe et sted, og selv når jeg har, er det i Tokyo. Når vi er i Amritapuri, er det så overrendt, og når vi er med Amma, er alting så hektisk. Det her er sådan et dejligt sted…"

Men da brahmacharien talte med klosterets ledende munk, fik han mange interessante oplysninger om deres situation. Den ledende munk sagde, at de stod over for mange problemer på forskellige niveauer. Der var selvfølgelig de indbyrdes stridigheder og konflikter, som opstår overalt, hvor egobundne sjæle samler sig i et antal større end to. De havde også juridiske og økonomiske problemer. Den ledende munk fortsatte: "Men faktisk er alle disse problemer virkelig ubetydelige sammenlignet med vores mest alvorlige problem."

Brahmacharien spurgte ham: "Hvad er det?"

Den ledende munk svarede: "Det er et problem, der vejer tungt i mange munkes sind i dagens Japan. Hele traditionen her står over for en alvorlig krise i og med, at der næsten ikke er nogen levende Realiserede Mestre tilbage."

Brahmacharien indså da, at uanset hvor fredfyldt stedet virkede, havde de, der opholdt sig dér, ingen fred i sindet. Modsat virker Ammas ashram (som Amma endog har sammenlignet med en jungle) ofte meget kaotisk, og ashram beboere bliver trænet i at bevare den indre fred, uanset hvordan de ydre omstændigheder er. Men den primære forskel mellem det japanske kloster og Ammas ashram var ikke på decibel eller lydstyrke niveauet, men i tilstedeværelsen af en Realiseret Mester. Uden en Mester er det vanskeligt at leve et autentisk spirituelt liv selv i de mest fredfyldte omgivelser.

Når vi går hen ad den spirituelle vej er vi tilbøjelige til at svinge mellem overdreven tillid og fortvivlelse. Vi tror enten, at vi allerede er perfekte, eller at der ikke er noget håb. Ideelt set skal vi anerkende, at vi ikke er fuldendte, men samtidig have fuld tiltro til at Amma vil føre os til målet – vi har både brug for tålmodighed og entusiasme.

Da Beethoven stadig var en ung mand og helt ukendt af verden, begyndte han at miste hørelsen, og han kæmpede med sine musikstudier. På cirka samme tidspunkt døde hans far. Beethoven blev meget deprimeret og overvejede endog selvmord. Lad os nu forestille os, at du kunne gå tilbage i tiden og møde den deprimerede Beethoven på det tidspunkt. Han er helt nedtrykt og mangler tillid, men du kender hans skjulte talent. Hvad ville du sige til ham? "Ja Ludwig, du har ret. Det er håbløst. Du spilder bare din tid med al den øvelse og besvær. Giv op." Selvfølgelig ville ingen sige sådan, for de ville vide hvilket umådeligt stort tab det ville være for verden. Uden tvivl ville vi gøre alt, hvad vi magtede for at opmuntre ham til ikke at give op men blive ved med at øve sig.

Ligesom Beethoven er vi ikke klar over vores egen latente kraft og storhed . Hver af os bærer i vores indre den evige lykke og freds symfoni. Vi er tilbøjelige til kun at tænke på vores begrænsninger, men Amma ser altid kun det uendelige potentiale som er hinsides begrænsningerne og stræber efter at bringe det frem for en dag.

Mange brahmacharier, som arbejder i Ammas Amrita Kuteeram (gratis huse til hjemløse fattige) projekt, havde ingen tidligere erfaring med byggeri. Nogle af dem var virkelig forbløffede, da Amma bad dem om at begynde at bygge og lede byggeriet af huse. Men med Ammas nåde var de hurtigt i stand til at lære det og nu kan de på en kompetent måde lede byggeprojekter i en stor skala som rehabilitering af slum og genopbygning af hele samfund, som er blevet ødelagt af naturkatastrofer.

Da det blev klart, at Ammas højt specialiserede hospital i Cochin havde behov for et digitalt informationssystem, kom hospitalets administratorer med tilbud til Amma på eksisterende systemer, designet af multinationale virksomheder. Sådanne systemer er ikke billige. Da Amma så tilbudene, sagde Hun: "Vi vil udvikle vores eget informationssystem", og hun udnævnte en af brahmacharierne til at lede udviklingen. Administratorerne troede næppe deres egne ører. Den brahmachari, som Amma havde udvalgt til at udvikle systemet, havde de rette formelle kvalifikationer men ikke meget praktisk erfaring, og sådanne systemer kræver det ofte flere år og hele teams af software specialister at udvikle. Administratorerne var overbeviste om, at Amma begik en stor fejl, men de var nødt til at rette sig efter Hendes beslutning. Efter et år var systemet oppe at køre, og administratorerne måtte indrømme, at det var lige så godt eller bedre end de systemer, de havde overvejet at købe for mange penge. Det er ligesom hvis en tømrer har fået til opgave at bygge et hus. Det er meget let for en tømrer, der har skinnende nye søm, men forestil dig opgaven for en tømrer, der kun har rustne, bøjede søm at arbejde med. Ud af sin uendelige medfølelse, vælger Amma alle os rustne, bøjede søm og med vældig stor tålmodighed arbejder hun på at rense os og rette os ud.

Der er et vers af Adi Shankaracharya i *Shiva Aparadha Kshamapana Stotram*, der forklarer vores virkelige tilstand: "Jeg er ikke i stand til at gøre min pligt og udføre ritualerne, som er foreskrevet i skrifterne, eftersom hvert skridt er forbundet med komplekse riter. Endnu mindre er min evne til at udføre den foreskrevne pligt i de Vediske påbud, som fører til den essentielle vej, som er realiseringen af Brahman. Der er intet ønske i mig om at kende til eller udøve dharma. Jeg egner mig heller ikke til at lytte til Vedaernes budskab fra Guruen og reflektere over det. Hvad er der tilbage, som jeg kan meditere på, og som fører til Selv-realisering? Åh, min Herre, tilgiv mig for alle disse fejl og giv mig Din uendelige nåde og Din accept."

Amma gav en gang et råd til nogle vesterlændinge, som havde svært ved at leve et spirituelt liv midt i hverdagens problemer og udfordringer. Hun sagde: "Undervejs kan man måske fejle mange gange. Lad fejltrin ske. Når alt kommer til alt kommer fiasko kun til en person, der stræber efter succes. Mist ikke jeres entusiasme og interesse. Prøv igen og igen. Skab en åben strid med jeres sind. Sindet vil måske trække i jer og skubbe jer tilbage til de samme gamle vaner. Men I skal gennemskue det og forstå, at det kun er et trick begået af den største af alle svindlere, sindet, som forsøger at få jer til at afvige fra vejen. Giv ikke op. Der vil komme et tidspunkt, hvor jeres vasanas vil miste deres styrke og give efter for, at Herren kommer ind og regerer. Indtil da skal I forsøge og blive ved med at forsøge. Lad alle fejltrin fejle i at få jer til at ophøre med jeres praksis."

Det er fordi Amma forstår vores indre potentiale langt bedre, end vi gør, at Hun aldrig giver op i sine anstrengelser for at vejlede og præge sine børn. Vi kan måske opgive os selv, men Hun vil aldrig opgive os. Idet vi ved, at Amma aldrig vil opgive os, kan vi bede til, at vi udvikler troen på tilstedeværelsen af det hellige i os, sådan at vi kan fortsætte med tålmodighed og entusiasme, indtil vi når målet.

Amma ved, at vi alle er gode og rene i vores grundlæggende natur. Uanset hvor mange fejl vi har, ved Hun også, at vi er på vej til Realisering. Når Amma siger, at Hun ser Gud overalt, kunne Hun lige så godt sige, at Hun ser det gode alle vegne. Når Amma fortsætter med at give næring godheden i os, bliver godheden stærkere og mere klar. Ligesom en skulptør skaber en smuk statue ud af en uformelig stenblok, fjerner Amma langsomt vores negative kvaliteter og tilbøjeligheder og lader vores iboende guddommelighed og skønhed lyse.

Kapitel 13

At dele kærlighed – hvor og hvordan man begynder

Med tanke på alt det Amma har givet os, ønsker vi naturligvis at gøre vores bedste for at give noget tilbage. Så opstår spørgsmålet: hvordan kan vi nogensinde give Amma alt det tilbage, som Hun har givet os? Sandheden er at det er en umulig opgave – vi kan aldrig give Hende det tilbage. Amma giver os uendelig, ubetinget kærlighed og medfølelse. For at gengælde en uendelig gave, må vi give noget af samme slags. Så længe vores opmærksomhed er indskrænket til det begrænsede, snævertsynede ego, vil vi aldrig være i stand til at give en uendelig gave. Når nogen spørger Amma, hvad Hun ville synes om, svarer Hun, at Hun ikke har behov for noget, men at hvis vi virkelig elsker Hende, vil vi udtrykke kærlighed og medfølelse med alle væsener.

Vi føler måske, at vi er overbebyrdede med for meget ansvar og for mange problemer, og at vi hverken har tid eller energi til at gøre noget godt for andre. Den følgende historie viser, at vi altid kan finde måder at hjælpe andre, uanset hvilke omstændigheder vi befinder os i.

En gang ønskede en ældre enkemand at dyrke sin have, men han var ikke længere stærk nok til klare så meget fysisk anstrengelse. Hans eneste barn, som ellers ville have hjulpet ham, afsonede en fængselsdom for juveltyveri. Den gamle mand skrev følgende brev til sin søn:

Kære søn,
Jeg er ked af det, fordi det ser ud til, at jeg ikke vil være
i stand til at så og plante i haven i år. Jeg hader ikke at
kunne gå i haven, for din mor plejede altid at elske have-
arbejdet på denne tid af året. Jeg er blevet for gammel til at
grave have. Hvis du var her, ville jeg ikke have nogen pro-
blemer. Jeg ved, du ville grave i haven for mig, hvis du ikke
var i fængsel.
Kærlig hilsen
Din far.

Få dage senere modtog den gamle mand en besked fra sin søn:

Lad for Guds skyld være med at grave haven far! Det er der,
jeg har begravet juvelerne!

Kl. 4.00 om morgenen dagen efter dukkede en flok politibetjente
op og gravede i hele haven, men de fandt ingen juveler. Den gamle
mand var forvirret og skrev en anden besked til sin søn, hvor han
fortalte, hvad der var sket og spurgte ham, hvad han nu skulle gøre.

Sønnens svar var:

Bare begynd at lægge dine kartofler, far… Det her var alt,
hvad jeg kunne gøre herfra.

Amma siger, at vi skal forsøge at gøre mindst en person glad om
dagen, enten ved at give fysisk eller økonomisk hjælp til dem, lytte
til deres sorger eller dele vores talenter med dem. Hvis vi føler, at vi
ikke har noget at tilbyde andre, kan vi i det mindste vise et smilende
ansigt til alle de mennesker, der krydser vores vej. Amma fortæller
den følgende historie om værdien af et smil.

En meget deprimeret person var på vej hjem fra arbejde. Han
havde haft en dårlig dag på arbejdet. Mens han ventede ved bus-
stoppestedet, følte han sig langt nede i kulkælderen. Ved stoppe-
stedet ventede også en meget god og mild kvinde, og hun smilede
medfølende til den deprimerede kontormand.

Han havde aldrig før oplevet sådan et smil. Som en sol, der lyser op mellem mørke skyer var dette smil en solstråle, som trængte gennem det triste og modløse i hans sind. Mens han stod og oplevede lyset fra den fremmede kvindes forstående smil, følte han sig pludselig meget glad, og denne glæde fortsatte på turen hjem. Da han stod af bussen, så han en tigger, der krøb sammen på gaden. Fordi han stadig følte sig så glad på grund af den fremmedes smil, gav han tiggeren alt hvad han havde i lommerne. Tiggeren tog pengene, fyldte sin mave, drak en kop kaffe, og så besluttede han sig for at købe et skrabelod. Da tiggeren kradsede i loddet, så han, at han havde vundet en beskeden pris. Det var ikke meget, men det var mere end han plejede at have, så nu behøvede han ikke bekymre sig om at få nok at spise i de næste par dage. Han var fyldt af lettelse og glæde, da han gik tilbage sin landsby.

På vejen så han en lille, syg og udmarvet hund, som så ud til at være døden nær. Da han så hundens lidelse, blev tiggeren meget ked af det. Normalt ville han ikke være blevet påvirket, men fordi han havde følt sig så glad og velsignet med godt held, blev han overvældet af medfølelse. Han løftede hunden op og vuggede den i sine arme, mens han gik hjem. På vejen købte han noget mad til hunden. Det var første gang hunden havde spist i mange dage. Efter at have spist blev den lidt stærkere og mere rask. Da natten faldt på, var tiggeren stadig ikke nået frem til sin landsby, så han standsede ved en familie, som indimellem gav ham husly. Tiggeren og hunden slog sig ned i husets garage for at sove.

I løbet af natten gik der pludselig ild i huset. Alle sov tungt og ville have været døde, hvis det ikke havde været for hunden, som vågnede og begyndte at gø. Hundens gøen gjorde hele familien opmærksom på faren, og alle flygtede uskadte. Denne familie havde to børn og et af børnene blev senere en Mahatma, som udøste velsignelser over tusinder af spirituelt søgende og mennesker i lidelse. Hvis den godhjertede kvinde ved busstoppestedet ikke havde smilet til den deprimerede kontormand, ville denne Mahatma være omkommet i søvnen, og verden var gået glip af hans guddommelige velsignelser.

Det er kraften i et enkelt smil. Amma sagde en gang: "Frøet til ting som kommer til at ske om 20.000 år – selv små begivenheder – er her allerede nu. Når vi tænker over, hvor dybt selv den mindste af vores handlinger påvirker verden, hvordan kan vi så holde godheden og kærligheden i os tilbage?"

Selv om vi kun giver en lille gave, kan den have en meget positiv virkning i en persons liv, hvis den er givet med kærlighed. Nogle gange tager små børn deres tegninger med til Amma. Hvis du ser på papiret er der ikke mere end to eller tre linjer, bare børns kruseduller, men de giver det til Amma med så stor kærlighed. Amma løfter ofte de tegninger og berører dem med hovedet. I Indien er det en måde at værdsætte og respektere noget helligt, en måde at indtage nåden og godheden i hele kropen. Selvfølgelig kan gaven være ubetydelig; hvad skal Amma stille op med alle disse tegninger? Men Amma anser selv disse små børns tegninger for at være hellige, fordi de er tegnet og givet til Hende med kærlighed.

Hvis den bliver givet med kærlighed, kan selv en ubetydelig gave blive stor, men uden kærlighed vil selv dyre og omfangsrige gaver ikke blive påskønnet, eller de vil ikke have så stor virkning på den anden person. For eksempel giver en virksomhed sine kunder mange gaver, men de bliver ikke givet med kærlighed, men kun med det formål, at kunderne forbliver loyale over for virksomheden. Kunderne ved meget vel, at virksomheden får noget ud af det, og de forventer, at firmaet giver dem gaver hvert år. Denne slags gave kan end ikke kaldes en gave. Det er snarere en form for byttehandel.

Amma siger, at hvis man er i stand til at give sand kærlighed, gør kærligheden giveren til en hellig person. Denne kærlighed er både årsagen til og konsekvensen af spirituel modning. Når vi er i stand til at dele kærlighed med andre, vokser vi spirituelt. Jo mere vi modnes i vores spiritualitet, des mere vil vi være i stand til at dele kærlighed med andre.

Hvordan kan vi som begyndere øve os i at give kærlighedens gave? Det bedste sted at begynde er, hvor du er nu. Tro ikke, at du er nødt til at blive sannyasin (munk) for at være spirituel. Hvis du har en familie er det bedste sted at øve dig i dit eget hjem. Dine børn er lige der, din partner er der også. Øv dig i at være mere kærlig over for dem. Amma siger at, når man deler kærlighed betyder det ikke nødvendigvis at omfavne alle. At give kærlighed betyder at give tid og opmærksomhed, at vise andre, at vi holder af dem, at vi er optaget af, hvordan de har det, og af deres glæder og deres sorger. At øve sig på den måde skaber en vidunderlig stemning i familien. Hvis du bor alene, kan du forsøge at dele din omsorg, tid og opmærksomhed med kolleger og venner. Hvor du end er, så lad være med at forvente at andre skal være lige så kærlige, som du er. Det er typisk, at hvis en person ikke modtager den forventede respons fra den anden, bliver kærligheden mindre med det samme. Vi skal ikke glemme at i øjeblikket er alle vores forhold til andre mellem uvidende mennesker. Begge forventer at modtage ubetinget kærlighed og opmærksomhed fra den anden, men ingen er i stand til at give ubetinget kærlighed uden tanke på sig selv. I stedet for at være optaget af, at din partner ikke giver dig den slags kærlighed, du ønsker, eller føle dig skyldig over ikke selv at være i stand til at give ren kærlighed, så forsøg at gøre det bedste I kan.

Jeg besøger ofte Ammas tilhængere. Mænd, kvinder og børn i familierne beklager sig ofte. Konen bebrejder sin mand, manden bebrejder sin kone, og børnene bebrejder deres forældre. Det er fordi, familien ikke giver nok tid og opmærksomhed til hinanden. Nogle gange taler konen, og manden ser fjernsyn. Han siger til hende "fortsæt bare, jeg lytter til dig", men selv mens han siger det, fjerner han ikke blikket fra fjernsynet. Hvordan skal konen kunne føle, at der bliver lyttet tilfredsstillende til hende?

Dommeren i Mullahen Nasrudins landsby var taget på ferie. Ifølge de lokale regler blev Mullahen bedt om at være dommer i stedet. Mullahen sad bag dommerens podium med hammeren i sin hånd og så strengt på publikum. Omsider gav han tegn til, at den første sag skulle bringes for retten.

"Du har ret," sagde Mullahen efter at have hørt den ene side af sagen.

"Du har ret," sagde Mullahen efter at have hørt den anden side.

"Men begge sider kan ikke have ret," protesterede en stemme nede fra publikum i salen.

"Du har ret," sagde Mullahen.

Vi tror alle sammen, at vi har ret, og at den anden person er årsag til problemet. Manden tror, at hans kone opfører sig forkert, og konen tror, at manden opfører sig forkert. Det virkelige problem er fraværet af oprigtig kærlighed, omsorg og opmærksomhed over for hinanden. Hvis der er en kærlig atmosfære i en familie, vil vi føle os lettede, når vi kommer hjem, selvom der er problemer i livet. Men ofte er situationen den stik modsatte. Vi har så mange problemer i vores liv uden for hjemmet, og når vi kommer hjem, opstår der endnu flere problemer. Det er grunden til, at mange mennesker ikke kommer hjem efter arbejde; de bliver ude et andet sted og kommer først hjem sent om natten, når alle er faldet i søvn.

Gud har givet dig en familie. Husk at der er så mange mennesker, som ønsker en familie, men aldrig er blevet gift. Efter ægteskabet forlader konen måske manden efter to år, eller manden forlader hende. Selv om de bliver sammen, er de måske ikke i stand til at få børn. At have en familie kræver Guds nåde. Så hvis du har en familie er det det bedste sted at begynde med at dele kærlighedens gave. Amma siger altid, at Hun ønsker, at vi alle gør vores bedste for at dele kærligheden og give af vores tid og opmærksomhed, særligt til vores familiemedlemmer. Når vi formår at gøre det i familien, kan vi langsomt udvide kærligheden til at omfatte venner, samfundet som helhed og til slut til hele skabelsen. I sidste ende kan vi legemliggøre Ammas kærlighed, sådan at alle i nærheden af os mærker Hendes kærlighed.

Kapitel 14

Arbejde med sjæl

Mange mennesker har fortalt mig, at de bliver meget kede af det, når de skal væk fra Amma efter at have været sammen med Hende i få dage. I forhold til at være i nærheden af Amma virker alle andre ting, man kan gøre i verden, kedelige og tomme. Men virkeligheden er, at de fleste af os har et ansvar, vi ikke kan løbe fra. Vi har måske børn, en partner eller ældre forældre, som er afhængige af os. Hvis vi mister modet og oplever, at alt det vi gør, bare er spild af tid, kan det gøre vores nære og kære kede af det.

I fordums tider var der i Indien en konge, der hed Shivaji. Kong Shivaji havde opbygget kongeriget ved at genvinde land fra Mughalaerne, som havde invaderet Indien og grundlagt deres eget rige. For at bevare kongeriget, var han hele tiden nødt til at forsvare sig mod Mughalaernes angreb. Efterhånden blev han træt af krig og blodbad, selvom hans sag var nobel og god. En dag da Shivajis Guru kom og bad om bhiksha (almisser), skrev Shivaji noget på en lap papir og gav det til sin Guru.

Hans Guru irettesatte ham og sagde: "Jeg er sannyasin, jeg har kun brug for mad. Jeg kan ikke spise papir."

Shivaji sagde: "Med papiret her har jeg overrakt hele mit kongerige og al dets rigdom til dig. Du er kommet efter almisser, og det er alt, hvad jeg har at give. Jeg ønsker ikke mere noget af verden og dens dyrebare rigdom, berømmelse og magt."

Guruen sagde: "Du har givet kongeriget til mig, og jeg modtager det. Nu tilhører kongeriget mig."

Med et gevaldigt suk af lettelse, lagde Shivaji sig ved sin Gurus fødder og følte bogstaveligt talt, at hele verdens vægt var taget af hans skuldre. Han spurgte så Guruen, hvad han skulle stille op med resten af sit liv.

"Jeg ønsker, at du sørger for kongeriget, at du forvalter det. Du skal regere i kongeriget som en repræsentant for mig," sagde Guruen til Shivaji.

Således blev Shivaji ved med at regere i riget, men han regerede i sin Gurus navn. Selv om han udførte de samme opgaver som før, var hans indstilling helt anderledes. I stedet for at føle at "jeg er herre i dette land", sagde han til sig selv: "Det er ikke længere mit kongerige, jeg er blot en opsynsmand, som tjener sin Guru." Al hans anspændthed var borte, og der var også meget mere kærlighed og opmærksomhed i hans handlinger. Selv i dag er Shivaji kendt som en af de største konger i den menneskelige historie.

Vi behøver ikke at opgive det arbejde, vi har nu. Der er kun brug for, at vi forandrer vores indstilling til det. Hvis vi kan tænke, at Amma har givet os arbejdet, og at vi tjener hende ved at gøre det, kan vi løfte vores ansvar med kærlighed og oprigtighed. Et sådant liv er i sig selv viet til Amma.

Før Amma bad Ron Gottsegen om at blive administrerende direktør for AIMS, hendes højt specialiserede hospital i Chochin, plejede hans arbejde at være at læse skrifterne og kommentarer til skrifterne. Da han påtog sig ansvaret i den nye stilling, var han nødt til at læse mange tekniske bøger, som handlede om medicin, lægegerningen og hospitalsadministration. Efter to eller tre års arbejde, blev han ked af, at han ikke længere havde tid til at læse skrifterne. I stedet for at lære om Atman, lærte han om MRI. En dag sagde han til Amma, at efter alle disse års studier af Upanishaderne, Bhagavad Gita og andre spirituelle skatte, var han bange for at han nu spildte sin tid ved at læse de tekniske bøger.

Ammas svar kan være en hjælp for os alle sammen. Amma sagde til ham: "Det er det arbejde jeg har givet dig for nuværende. Lad være med at bekymre dig, om det vil hjælpe dig i din spirituelle søgen. Hvis du gør dit arbejde med oprigtighed, er det tjeneste til Guruen – så vil det bestemt gavne dig spirituelt."

Hvad en Mahatma som Amma end gør, er kun for at genetablere den tabte harmoni i samfundet og skabelsen som helhed. Når Amma grundlægger en ny institution – det være sig et hospital, en handelsskole, et børnehjem eller et universitet for læger – bliver det altid gjort for at skabe mere orden og harmoni i samfundet. Før Amma overtog børnehjemmet i Paripally, Kerala, som nu bliver administreret af Hendes ashram, klarede børnene sig med nød og næppe, og de levede i omgivelser, der nærmest var ubeboelige. Da Amma adopterede børnehjemmet, lavede Hun det hele om, lige fra infrastrukturen til måden at give omsorg på. Amma skabte derved harmoni et sted, som inden havde været fyldt med sorg og ihvertfald ikke var harmonisk. Da Hun sørgede for, at det højt specialiserede hospital i Cochin blev bygget, var det for at imødekomme nogle hårde kendsgerninger: i Kerala (og mange andre dele af Indien) var der ingen chance for at overleve, hvis man havde brug for specialiserede operationer og ikke havde penge til at betale for det. Ikke alene har de fattige patienter nu AIMS at holde sig til, når der er brug for det, der er også mange andre hospitaler i Kerala, som er blevet tvunget til at sænke deres priser for at være konkurrencedygtige. Igen har Amma skabt dharma, hvor der var adharma, og harmoni, hvor der var disharmoni. I alle Ammas institutioner er der tilsammen tusinder af ansatte og mange tusinder flere, som laver frivilligt arbejde. Ved at arbejde i en af disse institutioner eller projekter, bidrager ens handlinger til at genetablere harmonien i samfundet og verden. Disse institutioner er ikke alene en stor tjeneste til samfundet, men hver enkelt ansat og frivillig får spirituel gavn af det. I skrifterne står der: "Hvem der end bidrager til universel harmoni, tilbeder Gud, hvem der end forstyrrer harmonien går imod Gud."

Selvfølgelig gælder det ikke kun til de mennesker, som arbejder i Ammas institutioner. Enhver af os kan tilegne os denne indstilling, uanset hvad vi laver. Da jeg arbejdede i en bank, gav Amma mig en tilsvarende form for råd. Selvom mit arbejde ikke havde noget som helst at gøre med ashrammen, var jeg i stand til at være langt mere tålmodig, forstående og venlig over for kunderne, da jeg begyndte at tænke, at det var Amma, som havde sat mig i denne stilling, at Amma havde givet mig mit arbejde, og at hver eneste kunde var personligt sendt af Amma. Det er i sig selv at tjene Guruen. Amma siger, at virkelig at elske hende er at tjene alle væsener. Så hvor vi end er, og hvilket arbejde vi end gør, lever vi et spirituelt liv, hvis vi er i stand til at behandle vores kolleger og andre med godhed og kærlighed, og hvis vi forestiller os, at Amma har sat os i den bestemte situation for at gøre lige præcis det.

Det er kun et spørgsmål om at ændre holdning. Så længe vi er i stand til at udføre arbejdet med kærlighed og oprigtighed, er det vores tjeneste til Guruen. Hvis det ikke ad denne vej er muligt at skabe et arbejde med sjæl, bliver spiritualiteten udelukkende til sannyasins (munkes) domæne. Men spiritualitet er ikke begrænset til de få – spiritualitet er for alle. Spiritualitet er den mest praktiske af alle videnskaber. Skrifterne og de Spirituelle Mestre ved, at de fleste mennesker har travlt med at løfte deres ansvar og gøre noget for andre, og at de ikke har mulighed for at trække sig tilbage til en ashram eller et ensomt sted for at udfylde al deres tid med spirituel praksis. Hvordan bærer de sig ad med at indarbejde spiritualiteten i deres daglige liv?

Vi behøver ikke at se længere end Amma for at få svaret. Selv om Hun ikke har nogen biologiske børn, kan man sige, at Amma har verdens største familie – millioner af tilhængere anser Amma for at være deres Mor, og Hun ser alle væsener i skabelsen som sine børn. Derfor kan man på en vis måde sige, at Amma har mere verdsligt ansvar end nogen anden. Men Amma tænker aldrig. "Lad mig blive færdig med dagens arbejde, så jeg kan lave spirituel praksis." Selv om Amma hele tiden er i gang med at gøre noget, ser Hun aldrig noget af det Hun gør som adskilt fra sin spirituelle praksis.

Alle de mennesker Hun møder, ser Hun som Gud. I hvert menneskes øre gentager hun den Guddommelige Moders navn. Amma er det levende bevis på, at det er muligt at leve et spirituelt liv midt i verden, selv om vi har meget ansvar og mange forpligtelser.

Amma siger, at selv om Hun elsker alle lige meget, føler Hun en speciel hengivenhed over for de mennesker, som arbejder for andre, snarere end de, der arbejder for sig selv. Som en del af Hendes tale ved Verdensreligionernes Parlament i Barcelona 2004, sagde Amma, at hvis vi bare har en lille smule medfølelse i vores hjerte, så kan vi arbejde en ekstra halv time om dagen hver dag for at tjene penge til de fattige og trængende. Amma sagde, at på den måde ville vi løse verdens problemer med lidelse og fattigdom. Hvis vi forpligter os til at arbejde en halv time for andre, der er trængende, hver eneste dag, så bliver et hvilket som helst arbejde vi har til karma yoga, også selv om vi oplever, at vores arbejde er helt uden forbindelse til Ammas organisation og det arbejde, Hun udfører – det verdslige arbejde bliver helligt, det bliver til et arbejde med sjæl.

En gang overrakte beboerne i helvedet en klage til Gud. "Vi har lidt i helvedet igennem århundreder," sagde de til Gud. "Og hver gang vi ser opad, nyder beboerne i himlen alle de himmelske glæder og har det vidunderligt."

Gud lyttede tålmodigt. "Jeg skal se, hvad jeg kan gøre," sagde Han. Så gik han hen til himlens indbyggere og fortalte om klagen fra helvedets beboere. Uden overhovedet at være blevet spurgt, tilbød beboerne i himlen ædelmodigt at bytte plads med dem.

Selvfølgelig modtog beboerne i helvedet deres tilbud. Og sådan gik det til, at alle som førhen havde nydt himlens glæder steg ned i helvedet, og at alle de, som havde lidt i helvedet, steg op til den himmelske sfære.

To uger senere tog Gud til himlen for at se, hvordan det gik de nye beboere. Men Han kunne næppe genkende himlen. De nye beboere tog slet ikke vare på stedet. De var holdt op med at gøre rent i gaderne og husene, og det virkede som om ingen af dem havde været i bad siden deres ankomst til himlen. Man kunne sige, at kriminalitetsprocenten var stigende, men det var faktisk første gang, der nogen sinde havde været kriminalitet i himlen. Folk smilede ikke, når de gik forbi hinanden på gaden. Frygt, tvivl, had og opgivelse var de fremherskende følelser. Efter to ugers tid begyndte himlen at se ud som helvedet.

Så steg Gud ned i helvedet for at spørge de tidligere beboere i himlen, hvad der kunne gøres ved situationen oppe i himlen. De havde været villige til at opgive himlen, så måske ville de også acceptere at flytte tilbage dertil.

Ligesom Gud ikke kunne genkende himlen efter to uger var det samme tilfældet i helvedet. De tidligere beboere i himlen havde arbejdet hårdt – de havde gjort rent, lavet om og malet alting i lyse farver. De hjalp alle hinanden, og ingen af dem følte, at de ikke ville rydde op i et rod, de ikke havde lavet. Overalt herskede der fællesskabsånd, gensidig støtte, optimisme og godt humør. Gud tænkte med forundring over, at helvedet var begyndt at ligne himlen vældig meget.

Indbyggerne i helvedet troede, at det ville løse alle problemer at bytte plads med de andre i himlen. Men de fandt ud af, at atmosfæren i himlen og helvedet ikke var afhængig af omgivelserne, men af beboernes indstilling og handlinger. På to uger havde himlens indbyggere forandret helvedet til et sted, der mindede om himlen, mens beboerne i helvedet havde forandret himlen til en anden slags helvede.

Uanset om vi bor i Ammas ashram eller arbejder andre steder i verden er det vores indstilling, der er afgørende. Hvis vi udvikler indre egenskaber som fred, kærlighed, tålmodighed og medfølelse, vil vi være i himlen, selv om vi i det ydre befinder os i helvede. Men hvis vi tillader negative egenskaber som jalousi, vrede, utålmodighed og had at få taget i os, vil vi befinde os i et helvede, uanset hvor tiltalende, behagelige eller spirituelle vores ydre omstændigheder virker til at være.

Del 3

En strøm af nåde

"Nåden strømmer altid som regn.
Vi skal blot være åbne for at modtage den."

– Amma

Kapitel 15

Ammas alvidenhed

Vi lærte hurtigt, at det var umuligt at skjule noget for Amma. I begyndelsen var det en overraskelse for os. Vi havde ingen forudgående viden om Mahatmaer eller om, hvad der kendetegner Realiserede Mestre, så i begyndelsen forstod vi ikke, at Amma var alvidende. Og selv om Hun aldrig direkte fortalte os, at Hun var det, fik vi mange oplevelser sammen med Hende, som tydeligt viste Hendes alvidende natur.

Helt fra den første tid insisterede Amma på, at alle tilhængere, som besøgte ashrammen, fik mad før brahmacharierne; den sidste der fik noget at spise var altid Amma. Mange gange var der ikke mere mad tilbage efter at tilhængerne havde spist. Nogle dage var der ris, men ingen sauce, andre dage var der sauce men ingen ris. De gange, hvor der kun var ris men ikke noget at spise til den, dryssede vi lidt karry krydderi på risen for at give den noget smag. For omtrent 25 år siden var der to brahmacharier i køkkenet på en af den slags dage, mens Amma gav darshan. De opdagede, at der var en gryde med ris tilbage og ikke mere sauce. De tog en tallerken ris hver og dryssede lidt karry ovenpå. Fordi de var sultne eller også fordi de sløsede, hældte de alt for meget karry ud over risen. I samme øjeblik hørte de Amma komme ud i køkkenet. De vidste, at Amma ville blive vred, hvis Hun så, hvor meget karry, der var gået tabt[1].

---

[1] I den periode var Amma nogle gange nødt til at gå til nabohjemmene for at spørge om de havde mad som Hun kunne give til brahmacharierne, så derfor var selv en håndfuld karry krydderi dyrebar. Selv i dag hvor ashrammen har over 3000 indbyggere og serverer mad til titusinder af mennesker om dagen, er

For at skjule fejlen hældte de i al hast mere ris oven på den ris, de havde drysset karry på, og så gemte de hurtigt de to tallerkener i et hjørne af køkkenet bag en dør.

Da Amma kom ind, havde den ene af brahmacharierne armene over kors, og han nynnede lidt henkastet en melodi som om der ikke var sket noget. Den anden var ikke lige så god til at skjule sin skyldfølelse. Han undgik at møde Ammas blik og lod som om han søgte efter noget i et andet hjørne end der hvor tallerkenerne var gemt.

Men Amma lod sig ikke narre. Hun gik lige hen til det hjørne, hvor tallerkenerne var gemt, fjernede det øverste lag ris og afslørede det tykke lag karry nedenunder.

Da Swami Purnamritananda (som den gang var en ung mand ved navn Sreekumar) mødte Amma, havde han i den første tid en oplevelse som fjernede enhver tvivl han kunne have om Ammas alvidenhed.

Som dreng var Swami Purnamritananda tilfældigt kommet med til en fløjtekoncert. Hans hjerte blev rørt, og han ønskede at lære at spille fløjte. Men hans far ville ikke give ham lov til det. Han ville ikke have, at Swami Purnamritananda fjernede opmærksomheden fra sin skolegang. Swami Purnamritananda blev meget ked af det. En dag var der en festival i et tempel i nærheden. Han så en mand, der spillede meget smukt på fløjte, og som havde mange fløjter til salg. Swami Purnamritanda købte en og forsøgte selv at spille på den, men det var vældig svært. Han fortalte sin bedstemor, at han ønskede, at nogen ville lære ham at spille fløjte. Hun rådede ham til at bede til den guddommelige fløjtespiller Herren Krishna om at lære ham at spille fløjte.

Den unge Swami Purnamritananda troede på hende og fulgte hendes råd. Han gik ind i et Krishna tempel og bad Krishna om at lære ham at spille fløjte. Det var som om Herren hørte hans bøn,

---

Amma omhyggelig med at lære ashrammens beboere en indstilling, hvor de ærer og respekterer maden og alle de ting ashrammen gør brug af. Af denne grund udskiller ashrammen en utrolig lille mængde affald i forhold til hvor stor en institution den er.

for bagefter blev Swami Purnamritanda pludselig i stand til at spille nogle lette sange.

Mange år senere, kort tid efter sit møde med Amma besluttede Swami Purnamritananda sig for at teste Hende. Under en Krishna Bhava pakkede han sin fløjte ind i avispapir og tog den med hen til det gamle tempel, hvor Amma altid gav darshan. Han viste den til Amma og spurgte, om Hun kunne sige, hvad der var indeni.

Hun smilede og sagde til ham: "Det skal du fortælle mig, min søn."

"Jeg ved allerede, hvad der er indeni," svarede han. "Jeg ønsker at Du skal sige det."

Amma insisterede på at han skulle fortælle Hende, hvad det var. Til sidst blev han nødt til at fortælle Hende, at det var hans bambusfløjte. Han var skuffet over, at Amma ikke var i stand til at vide, at det var fløjten.

Uden tøven modsagde Amma ham blidt. "Det er ikke en fløjte, mit barn, det er en pakke røgelsespinde." Swami Purnamritanda var sikker på, at han havde ret. "Nej, det er min fløjte. Jeg har selv pakket den ind."

Amma bad ham om at fjerne papiret. Alle tilhængerne så nysgerrigt til, da han fjernede avispapiret. I stedet for fløjten, blev han meget overrasket over at finde en æske med samme aflange form som en fløjte - fyldt med røgelsespinde.

Swami Purnamritananda kunne ikke tro sine egne øjne. Hvordan kunne det gå til? I sit indre spurgte han Amma: "Er du en magiker? Hvorfor forvandlede du min fløjte til en æske røgelsespinde?" Han ønskede ikke at teste Amma mere, men han ville meget gerne have sin fløjte tilbage. Ydmygt spurgte han Amma: "Vil du være sød at fortælle mig, hvor min fløjte er?"

Med et uskyldigt smil i ansigtet sagde Amma. "Den er i puja stuen i dit hjem bag billedet af Krishna." Swami Purnamritananda tog hjem med det samme og gik ind i puja stuen for at lede efter fløjten.

Den var lige der hvor Amma havde sagt. "Hvordan kan det gå til?" tænkte han forbløffet, mens han omhyggeligt forsøgte at huske, hvad der var sket i løbet af dagen. Om morgenen lige efter at han havde pakket fløjten ind og skulle til at gå, havde hans mor kaldt på ham ude fra køkkenet og insisteret på, at han skulle spise morgenmad.

Swami Purnamritananda var gået derud og havde lagt fløjten på bordet i dagligstuen. Hans far var lige på det tidspunkt kommet tilbage fra butikken, hvor han havde købt en aflang æske fyldt med røgelsespinde, som også var pakket ind i avispapir. Han havde lagt det på dagligstuebordet ved siden af Swami Purnamritanandas fløjte og var gået ud på badeværelset for at vaske sine fødder, inden han gik ind i puja rummet.

Da han kom ud fra badeværelset tog han fløjten, som var pakket ind på nøjagtigt samme måde som røgelsespindene, og han lagde dem bag billedet af Krishna, hvor han plejede at lægge røgelsespindene.

Da Swami Purnamritananda kom tilbage fra køkkenet tog han pakken med røgelsespinde, idet han troede at det var fløjten som han ville bruge til at teste Amma.

Det var hvad der var sket, men der var ingen måde, hvorpå Amma kunne have kendt til disse hændelser. Swami Purnamritananda var sikker på at Amma, som var klar over hans ønske om at teste Hende, havde arrangeret dagens begivenheder på denne måde for uskyldigt at drille ham i stedet. Om det var for at lave spilopper eller ej, så efterlod oplevelsen ingen tvivl om Ammas alvidende natur, og han besluttede sig for at holde op med at teste Amma.

I den episke fortælling Mahabharata er der en begivenhed som fandt sted mens Pandava brødrene levede i eksil i skovene langt fra deres hjem. En dag kom Herren Krishna dertil for at møde dem alle, og han talte med Arjuna. Krishna pegede på et træ og spurgte Arjuna: "Arjuna kan du se den krage der sidder der?"

Arjuna sagde: "Ja, min Herre."

Krishna sagde: "Arjuna jeg tror ikke det er en krage, men en gøg."

Arjuna svarede: "Ja, min Herre, det er en gøg."

Så virkede det til at Krishna rettede på sig selv og sagde i stedet: "Det er faktisk ikke en gøg Arjuna, det er en påfugleunge".

"Åh ja, nu kan jeg se, at det er en smuk påfugleunge", sagde Arjuna.

Til sidst tog Krishna endeligt stilling: "Arjuna, det er hverken en krage, eller en gøg eller en påfugleunge. Det er en ørn. Hvorfor gav du mig ret, da jeg sagde alle de andre ting, når du med dine egne øjne klart kunne se hvilken fugl det er?"

Arjuna svarede: "Min Herre, Du er selve Gud; derfor kan du let forvandle en krage til en gøg, en gøg til en påfugleunge og en påfugleunge til en ørn. Jeg ved, at Dit syn på tingene altid er mere klart end mit."

En gang for mange år siden oversatte jeg for Amma under et af Hendes programmer i Tamil Nadu, og Amma afbrød mig og sagde, at jeg havde begået en fejl i oversættelsen. Jeg informerede selvsikkert Amma om, at jeg havde studeret tamilsk i skolen i 14 år, og at jeg helt sikkert havde oversat rigtigt. Pludselig bad Amma mig om at rejse mig fra scenen og sagde: "Du behøver ikke at oversætte for mig", og Hun kaldte på en af tilhængerne fra publikum og bad ham om at gøre det. Jeg var ked af at rejse mig, men blev inden for hørevidde af Amma.

Før tilhængeren fortsatte med at oversætte, spurgte Amma ham, hvad jeg havde sagt. Han gentog mine ord, og da jeg hørte ham, indså jeg, at jeg havde begået en fejl. Amma havde sagt én ting, og jeg havde sagt noget andet. Selv om jeg både kendte malayalam og tamilsk godt, havde jeg ikke formidlet det, som Amma mente. Jeg følte mig så dårligt tilpas. Jeg troede, at jeg aldrig ville få en anden chance for at oversætte for Amma. Jeg lovede mig selv, at hvis jeg nogensinde fik en anden chance, ville jeg aldrig igen forsøge at bevise, at jeg havde ret, og at Amma tog fejl. Måske opsnappede Amma min indre beslutning, for ved det næste stop på turen, kaldte Hun på mig med stor medfølelse og bad mig om at oversætte.

Når man hører historien tror man måske, at Amma har mange tamilske tilhængere og forstår noget af det tamilske sprog, og at det derfor ikke er noget mirakel, at Amma var i stand til at rette min fejl. Men Amma kan og har gjort det samme mange gange med sprog, som burde være helt fremmede for Hende.

Første gang Amma rejste til Frankrig, afbrød Hun oversætteren, mens Hendes tale blev oversat til fransk og gentog en af sine pointer, mens Hun bad ham om at oversætte den igen. Da Hun gjorde det indså han, at han helt havde glemt at nævne dette punkt i talen. Selv om han talte fransk, vidste Amma, at han havde udeladt det. Senere hen spurgte han Amma. "Du taler slet ikke fransk, hvordan kunne Du vide, at jeg ikke havde oversat det?"

Amma svarede: "Det er rigtigt, at Amma ikke kender til sproget, men Amma kan se dit sind. Før ordene kommer ud af munden, findes de i tankens form, gør de ikke? Den subtile form for tale er tanken. Amma betragtede dine tanker, og Hun kunne se, at du havde udeladt dette punkt." En brahmachari der arbejdede i Ammas Amrita Kuteeram projekt vendte tilbage til ashrammen fra et sted, hvor der blev bygget i Bangalore, og spurgte om han kunne arbejde på en byggeplads i nærheden af ashrammen, hvilket Amma indvilligede i. Efter en uge hvor han havde arbejdet på en byggeplads i nærheden af ashrammen, kaldte Amma på ham ved morgenens darshan og bad ham om at tage hen til en anden byggeplads, som var i Ernakulam (omkring tre timer fra ashrammen). Han blev meget oprørt og spurgte Amma, om han kunne vente et par uger, fordi han kun lige var kommet tilbage fra Bangalore. Men Amma insisterede på at han skulle tage til Ernakulam med det samme. Han kom grædende hen til mig og sagde, at han ikke havde lyst til at tage afsted. Jeg forsøgte at overbevise ham om, at en discipel må adlyde Guruens instruktioner så godt som muligt. Jeg fortalte ham om nogle af mine erfaringer, og til sidst overbeviste jeg ham. Tidligt om aftenen begav han sig afsted til byggepladsen i Ernakulam, hvor han skulle overtage byggeriet efter en anden brahmachari. Efter en times tid fik han uudholdeligt ondt i maven og blev med det samme indlagt på AIMS, Ammas højt specialiserede hospital, som kun ligger et kort stykke vej i bil fra den nye byggeplads. Da hans tilstand blev værre, undersøgte lægerne ham med ultralyd, og de fandt ud af, blindtarmen kunne sprænge hvert øjeblik det skulle være. I al hast blev han kørt til operationsstuen, hvor blindtarmen blev fjernet inden det var for sent. Efter han var udskrevet, gav Amma brahmacharien tilladelse til at vende tilbage til ashrammen, og da han var kommet sig helt, fik han lov til at arbejde på en af byggepladserne i nærheden.

Da brahmacharien var kommet grædende hen til mig, havde jeg gjort mit bedste for at overbevise ham om at følge Ammas instruktioner til punkt og prikke, men inderst inde havde det undret mig, at Amma var så opsat på at sende ham afsted så hurtigt. Jeg syntes, det var mærkeligt, at Hun ikke tillod ham at blive bare en enkelt dag til i ashrammen. Da jeg hørte om brahmachariens operation, blev årsagen helt tydelig for mig. Amma vidste, at han havde behov for at være i nærheden af hospitalet præcis den dag. Hvis han var blevet syg i ashrammen den nat, ville det ikke have muligt at få ham hen til hospitalet tids nok til at fjerne den betændte blindtarm, og situationen kunne være blevet fatal.

Hvis Amma ved alt, kan det måske undre os, at hun ikke bare fortalte brahmacharien, at han skulle have et kirurgisk indgreb samme aften og derfor skulle hen til hospitalet. Men ved at bede brahmacharien om at tage hen til byggepladsen, sikrede Amma sig, at han ikke brugte hele dagen på at bekymre sig om den forestående operation, og han fik samtidig mulighed for at lære en værdifuld lektie om det vigtige i at følge Guruens anvisninger. Samtidig sikrede Amma sig, at han var tæt på hospitalet, da han havde behov for det. Amma er så ydmyg at Hun aldrig direkte afslører sin alvidende natur, medmindre det er absolut nødvendigt at gøre det.

Men nogle gange afslører Ammas mærkelige handlinger eller ord Hendes alvidende natur, ligesom i tilfældet ovenfor. I andre tilfælde tager sådanne lektier år eller endog årtier at forstå. I de første få år i ashrammen var der kun så få brahmacharier omkring Amma, at de kunne tælles på en hånd. På den tid var vi så knyttede til Ammas fysiske form, at vi fulgte efter Hende overalt, hvor Hun gik, selv når Hun ikke ville have det. Nogle gange forsøgte Hun at snige sig ud af ashrammen, uden at vi vidste det, men på en eller anden måde fandt vi altid ud af, hvor Hun var gået hen. Ved en bestemt lejlighed var Amma taget hen for at møde en familie, der boede på nogen afstand af ashrammen. Amma sad i en hytte og ventede på familien, da den ene brahmachari efter den anden begyndte at indfinde sig og sætte sig så tæt som muligt ved Amma. Da familien kom, bad Amma os om at sætte os hen på den anden side af hytten. Vi gjorde som Amma bad os om, men vi var ikke glade for det. Efter familien var gået, sagde Swami Paramtmananda (den gang Br. Nealu) til Amma: "Amma, vi blev meget kede af, at du bad os om at gå. Vi ville slet ikke afbryde samtalen med familien; vi ville bare være i nærheden af Dig."

Amma svarede roligt: "Nu er du ked af det, fordi du skal to meter væk fra mig. Men en dag vil du være nødt til at bruge kikkert for at kunne se mig." På det tidspunkt kunne vi ikke forstå, hvordan Ammas ord kunne komme til at passe - vi troede, at Hun brugte billedsprog. Men mere end 20 år senere under Amritavarsham 50 (fejringen af Ammas 50-års fødselsdag, der blev afholdt som en international fredsbøn på et stadium i Cochin) da Swami Paramatmananda forsøgte at bane sig vej til scenen, blev han stoppet af sikkerhedsvagterne, som ikke genkendte ham som en af Ammas senior disciple. For at følge aftenens program var han tvunget til at tage plads på stadiums langside, hvorfra Amma kun kunne øjnes som en lille skinnende prik af hvidt. Da gik det op for ham, at Ammas forudseende ord fra mere end to årtier siden i helt bogstavelig forstand var blevet til virkelighed.

Nogle gange har dét, som vi har lært via skrifterne gjort Ammas opgave vanskeligere. Jeg husker den gang, vi lærte, at en Sand Mester aldrig virkelig bliver vred på en discipel, og at mesterens vrede kun er en maske, som bliver taget på for at opløfte disciplen.

Efter vi havde fundet ud af det, tog vi det ikke længere alvorligt, når Amma blev vred på os. Vi var så knyttede til Amma, at vi ikke lod Hende være bare et enkelt minut alene. Amma ville ikke have, at vi var så knyttede til Hendes fysiske form, så Hun forsøgte med forskellige metoder at holde os væk: ved at vise vrede, ved at lade som om hun ikke elskede os. Men der var intet, der kunne afholde os fra at følge efter Hende og insistere på opmærksomhed.

Nogle gange låste Amma sig inde på sit værelse, og Hun åbnede ikke døren, selvom vi bankede på flere gange. En gang begyndte en af brahmacharierne uden at for døren at råbe: "Ammaa! Ammaa!" Så holdt han en pause, og gennem døren sagde han til Amma: "Amma, jeg har kaldt på dig 10 gange." Da Hun ikke svarede begyndte han at råbe Hendes navn igen. Så holdt han en pause og sagde: "Amma, nu har jeg kaldt på dig 20 gange." Så fortsatte han med at råbe Amma, indtil han til sidst sagde: "Amma, jeg er færdig med de 108 navne nu. Du er nødt til at åbne døren." Amma åbnede stadig ikke døren. Så begyndte brahmacharien at give lyde fra sig som om han græd. På grund af sin meget medfølende natur var Amma ikke i stand til at modstå denne metode. Men brahmacharien smilede bare, da Hun åbnede døren.

Nogle gange sad Amma og mediterede i lang tid. Den gang havde vi ingen anelse om samadhi tilstanden (total opslugthed i det højeste Selv), og vi havde ikke tålmodigheden til at holde det ud, når Amma trak sig tilbage og ind i sig selv. Nogle gange gik jeg hen og ruskede Amma i skulderen for at få Hendes opmærksomhed, hvis Hun havde været væk i en halv time. Der var en gang, hvor en af brahmacharierne godt ville fortælle Amma noget, som han mente var meget vigtigt. Amma svarede ikke, da han kaldte, så han gik over til Hende og langsomt med sikkert begyndte han at løfte hendes øjenlåg.

171

Selv hvis Amma skubbede os væk, klyngede vi os til Hendes arme og sagde: "Du kan skælde os ud, du kan skubbe os væk, du kan gøre alt. Men vær sød ikke at være stille, du må ikke være ligeglad med os. Det kan vi ikke bære." På den måde gav vi uden at vide det Amma en af de få muligheder Hun virkelig havde til rådighed for at disciplinere os. Når Hun ønskede at rette vores fejl, straffede Hun sin egen krop i stedet for at skælde os ud. Nogle gange nægtede Hun at spise, andre gange blev Hun stående i timevis nede i en sø, der gik helt op til livet. Denne form for belæring var meget smertefuld og langsomt begyndte vi at tage det mere alvorligt, når Amma skældte os ud, så Hun ikke længere var nødt til at gribe til så drastiske midler.

Ammas alvidenhed var særlig skarp og tydelig i Hendes udtalelser om det "kommende mørke" i år 2005. Amma havde helt privat talt til sine disciple om år 2005 i flere år. I juli 2003 lige før Devi Bhava på Rhode Island, lavede hun en offentlig udtalelse til et publikum på over 4.000 mennesker. På det tidspunkt sagde Amma til alle, at de ikke skulle være bange, men at Hun følte der var dårlige tider på vej. "Amma ser meget mørke i verden ,og alle skal være meget forsigtige. Når Amma ser nedad, får Hun øje på dybe grøfter, så medmindre mennesker passer meget på, går tingene dårligt."

Det var hovedårsagen til, at Amma indvilligede i, at Hendes 50 års fødselsdag blev fejret som en international begivenhed i september 2003. Hun følte, at hvis hundrede tusinder af mennesker i fællesskab samledes for at bede for fred og harmoni i verden, ville det nedbringe effekten af hvilke ulykker der end var på vej mod os. Herved begyndte Ammas børns regelmæssige chanting af fredsmantraet Om Lokah Samastah Suknino Bhavantu ("Må alle væsener i alle verdener være lykkelige") – både individuelt og kollektivt – over hele verden.

En aften under fejringen af Ammas 50 års fødselsdag, hvor mere end 200.000 mennesker fra hele verden var samlet, bad Amma alle sine børn om at chante fredsmantraet i et helt minut og forestille sig at fredens vibrationer spredte sig fra hvert af deres hjerter til hele planeten. Da dette minut forbi, bad Hun alle om at holde dem ved siden af i hånden og chante fredsmantraet tre gange til. Amma udførte også en speciel puja, hvor Hun vandede en spire til et træ med vand, der var indsamlet fra floder, have og søer fra næsten alle nationer på jorden.

I sommeren 2004 følte Amma igen, at "mørke skyer ville komme og dække himlen." Og da FN bad Hende om at deltage i den Internationale Fredsdag, bakkede Hun fuldt op omkring det og motiverede hundrede tusinder til at tage del i den fælles bøn for fred den 21. september 2004. I sin tale den dag sagde Amma: " I dag er behovet for bøn og spirituel praksis større end nogensinde før." Gennem hele Ammas 2004 tur i Europa bad Amma sine børn i alle de byer, Hun besøgte, om at deltage i en fælles bøn for fred og harmoni i den kommende tid.

Kun få uger før den ødelæggende tsunami ramte det sydlige Asien, fortalte Amma nogle af sine disciple, at Hun følte dagene efter jul ville være meget vanskelige og på et vist tidspunkt sagde Hun endda, at særligt den 26. december ville være specielt tragisk for mange. Om natten den 25. hørte Amma kragers skrig samtidig med nattergalens kalden. Hun blev meget alvorlig og fortalte sin hjælper, at det var et meget dårligt tegn. Den uge kunne man også se Amma fælde tårer, mens Hun sang bhajans; særligt en bhajan med ordene lokah samastah sukhino bhavantu.

Ammas handlinger dagen før tragedien viser, at Hun vidste noget dårligt var på vej. Den 26. december var det meningen, at 5.000 ubemidlede kvinder fra Alappad distriktet i kystområdet omkring Amritapuri skulle komme og hente deres gratis pensioner, som kvartalsvis blev givet til dem fra ashrammen. Intuitivt havde Amma dagen inden informeret om, at udbetalingen af pension til kvinderne skulle udsættes en uge. Hvis Amma ikke havde gjort det, ville enkerne have efterladt deres børn hjemme for at hente pensionerne. Uden nogen hjemme til at redde dem fra vandet, var mange flere børn i landsbyerne utvivlsomt blevet dræbt af tsunamien.

Uddelingen af pensioner til enkerne fra Kollam længere inde i landet blev ikke udskudt, men Amma bad om, at uddelingen ikke skulle foregå i bhajan-hallen, men i stedet for ved en anløbsbro på den modsatte side af ashrammen lige ved siden af bådene til fastlandet. Hvilket kaos havde der været, hvis bhajan-hallen, som blev helt oversvømmet, havde været fyldt med kvinder, der ventede på deres pensioner? I stedet for var bhajan-hallen næsten tom, da vandet kom.

På en typisk søndag havde Amma givet darshan i hallen, og der havde været mindst 15.000 mennesker. Men en time før darshan skulle begynde, sagde Amma, at der i stedet for ville være darshan i den gamle sal (som befinder sig halvanden etage over jorden). Derfor var den store hal næsten tom, da vandet kom rullende ind.

Selv hvis vi i dag spørger Amma, om Hun er alvidende, ryster Hun bare på hovedet og griner, mens Hun siger: "Jeg ved ikke noget. Jeg er bare en skør pige." En Sand Mester praler aldrig med sin storhed. Amma siger selv, at der er ingen grund til at skrive "Dette er sukker" på et skilt, hvis der i hjørnet findes en bunke sukker. Det vil være åbenlyst for alle, at det er sukker. Hvis nogen står lige ved siden af det, og siger at det ikke er sukker men salt, vil det så påvirke sukkeret? Disse mennesker mister bare deres chance for at smage sødmen, selv om der er en række af mennesker – for hvem det er åbenlyst at det er sukker og intet andet end sukker – der står i kø lige foran dem.

Lige inden den episke Mahabharata krig begyndte, gjorde Herren Krishna et sidste forsøg på at undgå den. Han rejste alene og uden våben som budbringer for de retskafne Pandavaer hen til hoffet hos de ondsindede Kauravaer. Da han kom med sin bøn om fred, nægtede Duryodhana, Kauravaernes prins, at høre Krishnas ord til ende og beordrede til, at Krishna blev bundet og ført bort. Da alle andre metoder var udtømte, afslørede Krishna sin vishwarupa (kosmiske form) for Duryodhana lige på stedet midt i hoffet.

Selv da han skuede hele universet afsløret i Krishnas form, gjorde det slet ikke indtryk på Duryodhana. Han troede ikke sine egne øjne og fornægtede Krishna som en simpel magiker.

Senere viste Krishna den samme kosmiske form til Arjuna alt imens han overleverede Bhagavad Gita på slagmarken. Arjuna var bjergtaget og knælede ved Krishnas fødder, idet han bad om Herrens tilgivelse for de ord han tilfældigt kunne have sagt til Krishna, fordi han troede ham hans lige. Synet af Krishnas kosmiske form skræmte Arjuna samtidig med at det inspirerede ham til at søge tilflugt i Krishna.

Selv når Gud afslører sig for os, er det ikke alle som genkender Ham. Som Kristus sagde det: "De som har øjne til at se, lad dem se."

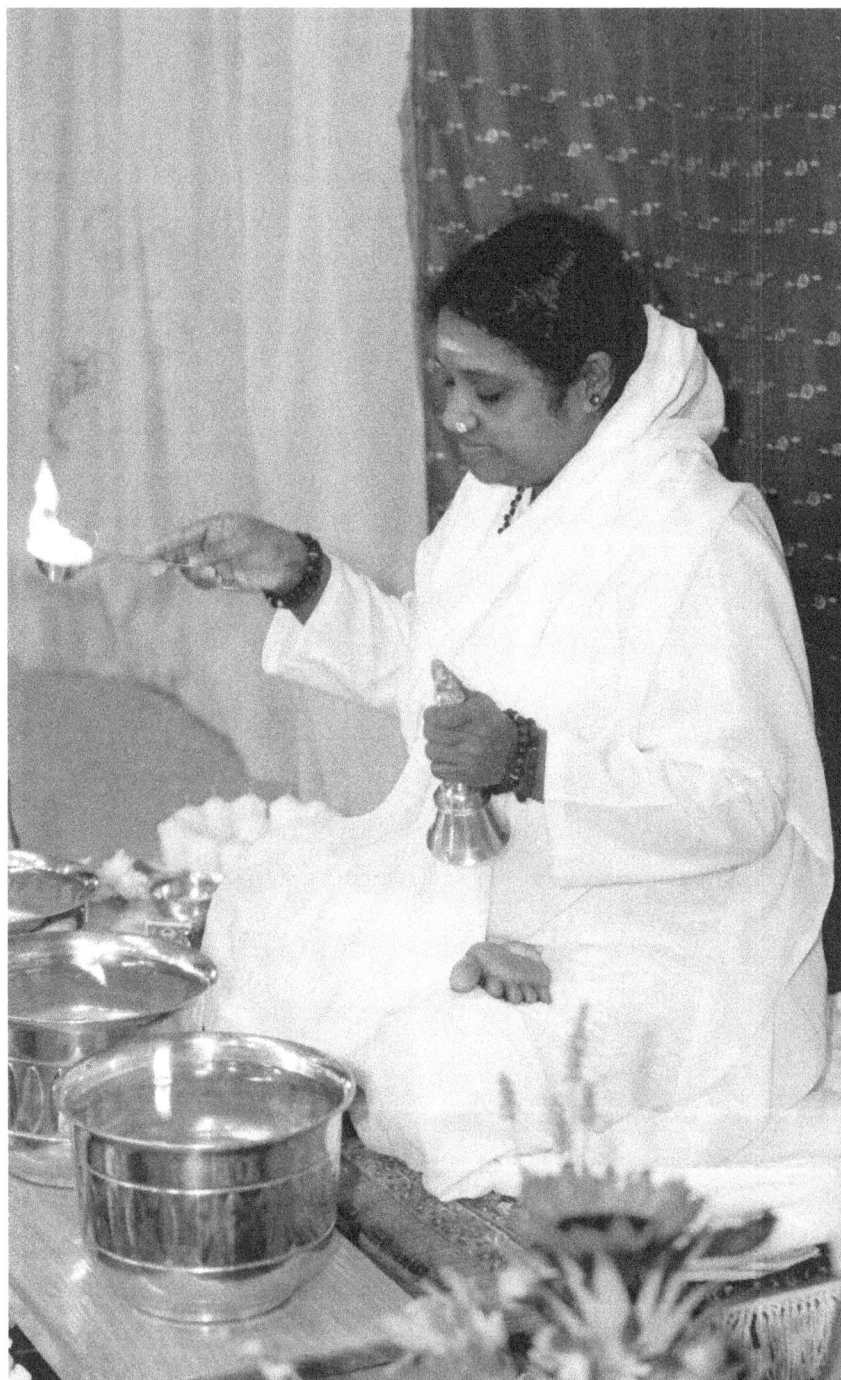

Kapitel 16

Opmærksomhedens lys

Mange mennesker har fortalt mig, at de har udviklet flere negative tilbøjeligheder og tanker end før, efter at de er kommet til Amma. Derfor mister de også inspirationen til spirituel praksis som var der i begyndelsen. Amma siger, at de negative tilbøjeligheder rent faktisk var der fra starten af. Enten var vi ikke klar over dem tidligere eller også lå de og hvilede i vores ubevidste, fordi der ikke var de rette omstændigheder, der fik dem til at dukke op. Amma fortæller en historie, der kan illustrere det.

En mand, som rejste til Himalaya bjergene, fandt en slange, som lå rullet sammen ved siden af vejen. Den kunne ikke flytte sig en tomme, fordi den var frosset fast i sneen. Manden, som var bekymret for slangens tilstand, begyndte at kæle for den. Den virkede så venlig og harmløs, at han besluttede sig for at tage den med sig. På vejen tilbage virkede det som om slangen var kold og frøs, så han besluttede sig for at putte den ind i sin armhule for at holde den varm. Da slangen gradvist mærkede varmen fra mandens krop, vågnede den af sin dvale og bed manden med de giftige hugtænder.

På samme måde vil vores negative tendenser ikke manifestere sig med det samme, medmindre den rette situation opstår. I nærheden af en sand mester som Amma vil de rette omstændigheder opstå helt spontant og de bringer selv vasanas (negative tilbøjeligheder), der er i dvale, frem til overfladen. Kun ved at de negative tilbøjeligheder bliver bragt frem i opmærksomhedens lys, kan vi transformere og i sidste ende transcendere dem.

I Ammas nærvær er der så mange forskellige omstændigheder, som kan fremkalde negative følelser, såsom vrede, bitterhed og jalousi. Hvis vi ser Amma give darshan og nogen står i vejen for os, kan vi blive vrede på dem. Hvis Amma viser mere opmærksomhed til andre, kan vi blive grebet af jalousi. Måske vil nogen bede os om ikke at stå eller sidde et bestemt sted. Alle disse omstændigheder gør det muligt for at vores negative tendenser at dukke op.

Hvert år tager Amma på tur i Nordindien i to måneder. Mange mennesker ønsker at ledsage Hende på turen og i løbet af årene har det, der startede med at være to varevogne, vokset sig til en stor karavane med seks eller syv busser samt en mængde mindre køretøjer. Under en af disse ture brændte en af busserne sammen og de resterende busser måtte tage imod de ekstra passagerer. Det skete under en af de længste strækninger på rejsen, og busserne var ret overfyldte, så den ekstra stress og anspændthed gav anledning til skænderier mellem passagererne. Under en kort pause gik Amma ind i en af busserne og gav en form for pep talk til alle passagererne. Hun sagde, at vi skal huske, at når en person irriterer eller kritiserer os, er det i virkeligheden Amma som arbejder på os i form af denne person. Senere fortalte en af passagerne i denne bus mig, at personen der sad bag ham var blevet ved med at begå den samme fejl under hele turen. Hver gang han skulle have noget fra sin taske, som lå på hylden over sædet, tabte han tasken ved et uheld, så den faldt ned i hovedet på den person, som fortalte mig historien. Den anden passagerer gjorde det igen og igen mindst to eller tre gange under alle strækningerne på rejsen. Personen fortalte mig, at han havde formået at være kærlig og venlig de første få gang, men til sidst var han endda begyndt at råbe af den anden passager: "Så er det nok, din idiot! Hvad er der galt med dig?"

Men efter Amma kom ind i bussen og talte til dem, var personen blevet i stand til at acceptere den anden passager med et smil selv om han ikke forandrede adfærd.

Under Ammas eftermiddagsprogrammer, beder Hun nogle gange de tilsynsførende om at standse darshankøen omkring kl. 17.30, fordi Hun skal begynde aftenprogrammet kl. 19.30, og herimellem plejer der at være planlagt adskillige vigtige møder.

De tilsynsførende adlyder og beder tilhængerne om ikke at gå op i køen, men mange gange møder de modstand. Alle ønsker at komme til darshan med det samme, og de har alle nogle undskyldninger. Selvfølgelig har alle deres egne problemer at tænke på. Så det er kun med stort besvær, at de tilsynsførende, og til tider brahmacharierne og swamierne, kan hjælpe folk til at indse, at de må komme igen om aftenen eller endda dagen efter, hvis de ikke har mulighed for at komme om aftenen. I mange tilfælde hører de alligevel ikke efter. I stedet for venter de med et skuffet ansigtsudtryk ude langs siden. Når Amma ser dem stå der, beder Hun os med det samme om at åbne køen og tillade 15 ekstra mennesker at komme til. Så bliver køen igen lukket, og bagefter bliver den åbnet og lukket tre eller fire gange til. Nogle gange bliver tilhængerne vrede på de tilsynsførende. "Hvad laver I dog her! Først beder I os om at komme til darshan og bagefter standser I os?"

I de haller hvor der er gjort klar til, at darshan køen kan komme fra begge sider og at folk kan gå ud via midtergangen ønsker Amma ikke at man sidder i midtergangen, fordi der skal være plads til, at folk kan gå ud. En dag bad Amma de tilsynsførende om at sikre sig, at der ikke var nogen i midtergangen ved aftenens program.

Da Amma kom hen til aftenens program, så Hun at midtergangen var helt tom og spurgte mig: "Hvorfor er der sådan en tom plads? Giv straks en meddelelse om, at alle kan gå derhen og sætte sig." Alle ventede bare på denne mulighed, og midtergangen blev fyldt på få øjeblikke. Dagen efter besluttede de tilsynsførende, at eftersom Amma dagen inden havde bedt alle om at sætte sig i midtergangen, ville de ikke afholde nogen fra at sætte sig der. Så snart Amma kom ind denne gang, spurgte Hun: "Hvorfor sidder der mennesker i midtergangen? I går bad jeg om, at der ikke skulle være mennesker i midtergangen; hvorfor er der nogen der i dag?"

De tilsynsførende svarede Amma: " Vi afholdt folk fra at sidde der i går, men så bad du alle om at komme, og så troede vi, at Du ønskede det på den måde."

Amma svarede: "Gør bare hvad jeg bad jer om at gøre; og tænk ikke på hvad jeg bagefter stiller op."

Via disse tilsyneladende modsatrettede instruktioner og handlinger skaber Amma situationer, hvor de negative kvaliteter og tendenser vil dukke op blandt de tilsynsførende. Ved at gennemgå en række lignende situationer vil de tilsynsførende med tiden udvikle tålmodighed, og deres holdning vil blive præget af overgivelse, venlighed og andre positive mentale kvaliteter. På den måde hjælper Amma dem til at vokse og udvikle sig i spirituel forstand. De mennesker, der modtager modsatrettede signaler fra de tilsynsførende, som har modtaget dem fra Amma, bliver på lignende vis givet muligheder for at udvikle positive kvaliteter.

Der er mange eksempler på Mestre, der bruger modsætninger som et redskab til at oplyse disciplen. Det er et af grundprincipperne i den Zen Buddhistiske tradition. Zen mestre taler til deres disciple via koans, eller spørgsmål uden et rigtigt svar, for på den måde at narre disciplen til at overgive intellektet og komme i kontakt med den Rene Bevidsthed, som er hinsides. Zen Mesteren Shuzan holdt for eksempel sin korte stav frem og sagde til en af sine disciple: "Hvis du kalder dette for en kort stav, ser du bort fra virkeligheden. Så hvad vil du kalde den?"

Et af de mest velkendte eksempler på denne lære er historien om Marpa og hans yndlingsdicipel Milarepa. Efter en problematisk barnddom og en pubertetsperiode, hvor han blev drevet af bitterhed og ønsket om hævn, udviklede Milarepa lidenskabsløshed over for verden og søgte spirituel vejledning hos den berømte Guru Marpa. Men Marpa ville ikke acceptere ham som discipel lige med det samme. Først sagde han til Milarepa, at han ønskede, at han byggede en stenstruktur på en høj klippe, hvorfra man havde overblik over Marpas ejendom. Milarepa havde en stor tørst efter sandheden og sprang til, da han fik mulighed for at tjene sin Guru. Milarepa var nødt til at slæbe alle sten og kampesten til fods fra et nærliggende stenbrud, og der var ingen til at hjælpe ham med at bygge tårnet. Det var et udmattende arbejde og krævede måneders intens anstrengelse. Mens Milarepa arbejdede på tårnet, kom Marpa en dag ud og tilså hans arbejde. Efter at have set på tårnet et par øjeblikke, bad han Milarepa om at rive det ned igen og lægge alle klipper og sten tilbage, hvor han havde taget dem fra. Marpa sagde, at han havde ændret sine planer og nu ønskede en ny bygning opført på et andet sted. Dette gentog sig igen og igen, indtil Milarepa til sidst havde bygget et stort tårn med 9 etager (som endnu står den dag i dag). Hele vejen gennem disse anstrengende, tilsyneladende formålsløse opgaver gjorde Milarepas en indsats på lige med Herkules og mistede aldrig troen på, at han ville modtage den lære han søgte. Han flyttede sten som normalt kun kunne flyttes ved hjælp af tre mænds kombinerede styrke. Hans anstrengelse var så stor, at hans ryg blev til et stort sår efter at bære sten og mørtel. Hans arme og ben var helt revnede og fyldt med rifter. Alligevel fortsatte han med at arbejde, og hver dag håbede han at blive tilgodeset og modtage den spirituelle belæring. Marpa viste ham, hvordan han kunne beskytte sin ryg og tillod ham at hvile mens kroppen blev helbredt, men han gav aldrig Milarepa lov til at slippe for det byggearbejde, det var planlagt at han skulle fuldføre.

Milarepa holdt ud på den måde i årevis. Til sidst opgav han håbet om nogensinde at blive accepteret som discipel og forlod Marpas ashram med planer om aldrig at vende tilbage. Alle forventede, at Marpa ville tage hans afrejse med lethed, fordi han aldrig havde vist nogen åbenbar hengivenhed over for ham. Men da Marpa hørte om det, strømmede tårerne, og han sagde: "Bring ham tilbage hertil, for himlens skyld! Han er min kæreste discipel."

Da Marpa omsider accepterede Milarepa som discipel, fortalte han, at selvom han altid havde elsket Milarepa højt og set hans store potentiale, havde han ikke haft andet valg end at behandle ham sådan på grund af alle de frygtelige handlinger, han havde gjort tidligere i livet. Marpas tilsyneladende modsatrettede og urimelige instruktioner var kun sket for at hjælpe Milarepa med at frigøre sig fra lænkerne af fortidens handlinger.

Swami Paramatmananda kan fortælle en lignende historie fra sit tidlige forhold med Amma. En dag besluttede Amma, at der skulle bygges to hytter foruden de to vi allerede havde. På grund af tilgangen af fastboende, var der behov for flere rum. Swami Paramatmananda (den gang Br. Nealu) skulle lede byggearbejdet. Efter at have lavet en plan viste han den til Amma og fik Hendes godkendelse. Planen bestod af 3 hytter, der vendte væk fra hinanden i en U-form. Han tænkte, at det ville spare plads og gøre, at brisen kom ind gennem døren i hver af hytterne. I sit stille sind var han stolt af planen og måden arbejdet skred frem på.

Få timer efter at arbejdet var begyndt, kom Amma forbi byggepladsen. Da Hun så, hvordan hytterne blev bygget, udbrød Hun pludselig: "Hvem sagde til dem, at de skulle bygge hytterne på den måde?" Alle pegede på Swami Paramatmananda. Han huskede Amma på, at Hun havde set planen og godkendt den.

"Jeg kan ikke huske, at jeg har set nogen plan. Riv det ned! Ingen burde bygge hytter der vender væk fra hinanden. Det eneste du tænker på er at have det behageligt og at få en dejlig brise ind gennem døren! Er du ligeglad med de traditionelle regler? Reglerne tillader ikke, at hytterne bliver bygget på den måde." Med de ord forlod Amma byggepladsen.

Swami Paramatmananda bad arbejderne om at rive alt det ned, de havde arbejdet på siden om morgenen.

Kort tid efter kom Amma tilbage igen. Da hun så, at arbejderne var begyndt at rive hytterne ned, spurgte Hun: "Hvad laver de? Bed dem om at bygge hytterne, sådan som det oprindeligt var planlagt. Hvordan skal brisen ellers komme ind i hytterne?"

"Men Amma, hvad med de traditionelle regler?" spurgte Swami Paramatmananda.

"Regler? Der er ingen regler for at bygge hytter. Det er kun for normale bygninger."

En tilskuer kunne have troet, at Amma var skør. Men Swami Pramatmananda forstod, at hele situationen var Ammas måde at bringe hans stolthed frem og hjælpe ham til at komme igennem den. Omstændigheder, der skabes af Amma, er den bedste og hurtigste vej til at modne vores sind. Amma sammenligner faktisk sin ashram med Kurukshetra, slagmarken hvor de fem Pandavaer med deres respektive hære erklærede krig mod de 100 Kauravaer i Mahabharata krigen. Selv om Pandavaerne havde dharma på deres side, var de talmæssigt Kauravaerne underlegne, og Kauravaernes hær var langt større end Pandavaernes hær. Alligevel var Pandavaerne i stand til at vinde over Kauravaerne, fordi de havde Herren Krishna på deres side.

Dette siges at være symbolsk for afvejningen af positive og negative kvaliteter i de fleste af os. Selv om de negative kvaliteter kan synes mere kraftfulde og talrige end vores gode kvaliteter, kan vi med en Sand Mesters nåde gå i krig med vores egne negative kvaliteter. Det er ikke et slag, som vi kun kæmper ved en enkelt lejlighed, og som enten vindes eller tabes; det er en kamp vi må kæmpe mange gange hver dag – faktisk hvert eneste øjeblik af vores liv.

Nogle gange er vi måske opmærksomme på vores negative kvaliteter uden at føle behov for at komme af med dem. Vi har alle mødt nogen, der synes at glæde sig ved at være deprimeret, og vi har alle prøvet at retfærdiggøre vores vrede over for nogen. Nogle gange er vi måske endda tilfredse, når vi har skældt andre ud.

En gang kørte en mand hen ad motorvejen, hvor han så en lastbil, der var brudt sammen, og en mand med et meget bekymret udtryk, der tøffede omkring ved motoren. Han besluttede sig for at standse og finde ud af, om han kunne hjælpe.

"Jeg ved ikke meget om motorer, " sagde han til lastbilchaufføren, der var kørt fast, "men er der noget, jeg kan hjælpe dig med?"

"Ja, Ja!" udbrød lastbilchaufføren. "Ser du, jeg har to krokodiller bag i lastbilen. Men de har klaustrofobi, og jeg kan ikke lade dem blive derinde meget længere. Du bliver nødt til at tage krokodillerne med til zoologisk have så hurtigt som muligt!"

"Det er ikke noget problem," sagde manden. Lastbilchaufføren hjalp ham med at få krokodillerne ind på bagsædet af bilen. De satte dem ind som de bedst kunne, og manden kørte hurtigt afsted i retning af zoologisk have.

Omkring to timer senere sad lastbilchaufføren stadig i vejkanten uden at have fået lastbilen i gang, da han så manden køre hurtigt i den anden retning, mens krokodillerne stadig var i bilen. Denne gang var en af krokodillerne på forsædet.

Det lykkedes for lastbilchaufføren at vinke manden til sig med et flag. "Er du blevet skør?! Jeg sagde, at du skulle tage krokodillerne med til zoologisk have!"

"Vi tog til zoologisk have," forklarede manden entusiastisk. "Og vi havde det så sjovt, nu skal vi i biografen!"

Vi holder på samme måde fast i vores indre fjender som jalousi, vrede, stolthed og lyst uden at vide, at de kan fortære os hvert øjeblik det skal være. For at overvinde vores vasanas er vi nødt til at indse den skadelige virkning, de har på os selv og andre. Selv om vi har det godt med vores vasanas, kan vi være sikre på, at det samme ikke gælder for andre.

En dag kaldte en nabo på Mullah Nasruddin og spurgte, om han kunne låne Mullahens æsel.

"Jeg beklager," sagde Mullahen, "men jeg har allerede lånt æselet ud."

Så snart han havde udtalt ordene kunne man høre lyden af et æsel bræge i Mullahens stald.

"Men Mullah, jeg kan høre dit æsel derinde."

"Skam over dig," protesterede Mullahen indigneret, "at du vægter et æsels ord højere end mit!"

Selv når andre påpeger, at vi tager fejl, klynger vi os på samme måde stædigt til vores eget synspunkt og finder måder at retfærdiggøre det på.

Amma siger, at man kan sidde i en hule og meditere lange timer hver dag, men når man kommer ud af hulen kan man miste besindelsen eller føle afsky eller jalousi over for et andet menneske, og når man reagerer på den måde forsvinder meget af den spirituelle energi, som man har opbygget. Amma bruger ofte Sage Vishwamitra som eksempel. I tusinder af år gjorde han bodsøvelser. Men han havde et meget hidsigt temperament, og hver gang han kom ud fra meditationen mistede han besindelsen meget let. For at indhente den energi, som han havde mistet, var han nødt til at sidde og meditere i mange flere år. Endelig opnåede han Selvrealisering, men det tog ham meget længere tid end det ville have gjort, hvis han tidligere havde overvundet sin vane med at miste besindelsen.

Det er grunden til, at Amma lægger så meget vægt på, at vi hjælper og arbejder med andre ved siden af meditationen og andre mere personlige spirituelle praksisformer. Når vi lever og arbejder sammen med andre, er vi i stand til at afsløre og overvinde negative tilbøjeligheder, som vi ellers slet ikke havde været klar over.

Der findes en joke om en samtale mellem to munke fra forskellige traditioner. Den ene munk spurgte den anden: "Hvad er din spirituelle disciplin?"

"Åh, jeg har en meget stram disciplin. Jeg vågner kl. 2 om morgenen hver dag og chanter og beder indtil morgenmaden. Mange dage spiser jeg end ikke morgenmad. Jeg faster mere end 100 dage om året. Og det er kun, fordi du taler til mig i dag, at jeg kan tale til dig. De fleste dage holder jeg et tavshedsløfte, og jeg lever også alene."

"Åh, det er en meget stram disciplin.." var den første munks kommentar.

"Hvorfor siger du det?" spurgte den anden munk. "Du gør sikkert næsten det samme."

"Ikke rigtigt," tilstod den første munk med beklagelse.

"Hvad gør du så?" spurgte den anden munk.

"Jeg lever i et fællesskab sammen med 100 andre munke," svarede den første munk ganske enkelt.

Da han hørte det, sagde den anden munk: "Jeg bøjer mig for dig, Broder. Din disciplin er langt større end min."

185

Selvom den anden munk udførte langt flere asketiske øvelser, anså han den første munks afkald for at være større end sit eget, fordi han var i stand til at leve og arbejde tæt sammen med andre munke. I det ayurvediske sundhedssystem anses medicinen kun for at være 50 procent af behandlingen. Den anden halvdel kaldes pathyam. Det refererer til den adfærd, vi skal følge i forhold til mad, hvile, bade osv. Medicinen vil kun virke, hvis vi kan følge denne adfærd på de andre områder. Spirituel praksis er på samme måde kun 50 procent af spiritualiteten. Resten består i at overvinde de negative tilbøjeligheder i vores sind og i at respondere på livets forskellige situationer.

Amma siger: "Det er vigtigt at anerkende og acceptere hvad du end er – om du er ignorant, analfabet, vidende, etisk eller egoistisk." For at kunne gøre virkeligt fremskridt er vi nødt til at begynde med at se ærligt på os selv og vores fejl.

Den berømte jazz musiker Rafi Zabor sagde en gang: "Gud taler så blødt Han kan, og så højt som Han er nødt til." Det er Guruens opgave at hjælpe os med at overvinde vores ufuldkommenhed på den ene eller den anden måde. Nogle gange – hvornår det end er muligt – vil Guruen gøre det blidt. Men til tider er Guruen nødt til at tage tilsyneladende drastiske midler i brug for at hjælpe os til at se og overvinde vores svage sider. Amma fortæller en historie om denne pointe.

En gang vendte en Guru og hans discipel tilbage til deres ashram efter at have besøgt en landsby. Det var en lang gåtur, og de havde rejst i mange timer. Da de gik gennem en kølig skyggefuld skov, spurgte disciplen som havde lidt i stilhed gennem lang tid og ikke længere kunne holde til det omsider sin Mester, om de ikke kunne ligge ned og hvile bare et stykke tid. Guruen foreslog blidt, at det ville være bedre, hvis de fortsatte, men disciplen pressede på med sit ønske, og Guruen gav sig til sidst. Da Guruen et stykke tid efter rejste sig igen klagede disciplen, som nu havde givet helt efter for sin udmattelse, og sagde med højlydt stemme: "Jeg kan ikke flytte mig bare en enkelt tomme! Mester, jeg ønsker ikke at holde dig væk fra ashrammen, men lad mig i det mindste hvile her i denne dejlige skyggefulde skov indtil i morgen." Guruen indvilligede og fortsatte på egen hånd. Da han kom ud af skoven, stødte han på en familie af bønder, som arbejdede på deres mark. Guruen løftede pludselig et af familiens børn op og løb tilbage i den retning, han var kommet fra, mens han vuggede barnet på armen. Bag ham lød der råb og skrig, da familien opdagede, at deres elskede datter var blevet kidnappet. De råbte ud til alle naboerne om at hjælpe dem med at redde hende.

Da Guruen i hurtigt løb nåede frem til sin discipel, som nu sov dybt, lagde han blidt barnet på jorden og bad hende om at sidde ved siden af disciplen. Barnet adlød med glæde, og Guruen forsvandt.

Således gik det til at de vrede mennesker, der søgte efter pigen, nåede frem til disciplen og opdagede, at det forsvundne barn sad ved siden af ham. Selvfølgelig gik de ud fra, at det var disciplen, der havde kidnappet barnet, og de tøvede ikke med at vække ham. Da de begyndte at slå ham, rullede disciplen væk fra dem og kom på benene, han skyndte sig alt hvad han kunne væk fra flokken, og løb så hurtigt han kunne tilbage til sikkerheden i ashrammen. Disciplen, som næsten lige havde erklæret, at han ikke kunne flytte sig en enkelt tomme, ankom således til ashrammen før end Guruen.

Det var et tilfælde, hvor Guruen forsigtigt forsøgte at korrigere disciplen, men da det ikke virkede, var han nødt til at tage mere barske metoder i brug.

I den første tid efter at jeg var kommet med i ashrammen, fortsatte jeg efter Ammas ønske med at arbejde i en bank i adskillige år. Alle de andre brahmacharier var begyndt at få undervisning i skrifterne, men fordi undervisningen fandt sted i arbejdstiden, kunne jeg ikke deltage. Når jeg kom tilbage til ashrammen efter arbejde, så jeg deres noter igennem og forsøgte at tage så meget af det til mig, som jeg kunne.

En dag rådgav en af mine spirituelle brødre mig om, hvordan man skal opføre sig foran en Guru. Han fortalte mig, at man skal være opmærksom på sit kropssprog: ikke stå på en stolt måde; ikke se lige ind i Guruens øjne; altid tale i en blød tone, osv. Han forklarede, at selv hvis Guruen med urette beskylder dig for at have begået en fejl, skal du aldrig protestere eller undskylde, men i stedet for forstå at det kun er Guruens måde at påpege dine negative tilbøjeligheder.

Da jeg allerede var begyndt at studere skrifterne, lyttede jeg meget opmærksomt til alt dét, han sagde. I samme øjeblik kaldte Amma pludselig på ham og bad ham komme hen til sit værelse. Han efterlod mig der, og skyndte sig hen til Amma. Få minutter senere kunne jeg høre to stemmer, både Ammas og den brahmacharis stemme, som lige havde fortalt mig om, hvad der var den rigtige måde at opføre sig på i nærheden af en Guru. Men brahmachariens stemme var meget højere end Ammas. Da jeg løb hen til værelset for at finde ud af hvad der skete, så jeg brahmacharien, som meget heftigt var i færd med at argumentere imod noget, Amma sagde til ham. Da han så mig stå der, huskede han det råd, han lige havde givet mig og undseligt sænkede han sit tonefald og gjorde sin stemme lidt mere blid. Han indså med det samme, at Amma kun havde skabt situationen for at se, om han nu også var i stand til at gøre det, som han havde undervist mig i.

I januar 2003 færdiggjorde ashrammen et husprojekt med 108 hjem i Rameshwaram, Tamil Nadu, og disse hjem blev uddelt til lokale hjemløse familier. Rameshwaram er fødested for Indiens præsident, Dr. A.P.J. Abdul Kalam, så derfor besøgte han husene. Han var imponeret over arbejdet og besluttede sig for at donere 10 måneder af sin præsidentløn til Ammas ashram. Pengene blev brugt til at hjælpe ashrammen med at opføre en kirurgisk afdeling ved regeringens hospital. Da den kirurgiske afdeling var ved at være færdig og skulle overhændes til regeringens hospital, var der en brahmachari som var udsendt til Rameshwaram, der sagde til Amma, at præsidenten ville komme på besøg igen. Amma modtog nyheden, mens Hun gav darshan og foreslog en tilhænger, som sad i nærheden, at man kunne invitere præsidenten til at indvie den nye kirurgiske afdeling, mens han var i Rameshwaram. Tilhængeren rejste sig med det samme for at invitere præsidenten til at komme.

Heldigvis var præsidentens sekretær på kontoret, da tilhængeren ringede. Præsidenten havde mødt Amma andre gange, så sekretæren sagde med det samme til tilhængeren, at hun nok skulle give invitationen videre til præsidenten. Inden for en halv time ringede sekretæren til tilhængeren for at sige, at præsidenten havde indvilliget i at komme på et kort besøg og indvie den kirurgiske afdeling på dagen for hans besøg i Rameshwaram.

Tilhængeren var begejstret og troede, at Amma ville være meget tilfreds med ham, fordi han havde arrangeret det hele så hurtigt. Han skyndte sig tilbage til darshan-hallen for at fortælle det til Amma. Men Amma så ikke en gang hen på ham. Hun skyndte sig ikke på nogen måde med at blive færdig med darshan; Hun brugte lang tid på at tale med hver eneste tilhænger, samtidig med at Hun grinede og spøgte med de andre brahmacharier og tilhængere i nærheden. Og Hun blev ved med at undgå tilhængerens blik. Det var som om han var blevet usynlig for Hende. Tilhængeren var meget overrasket, for han troede, Amma var ivrig efter at høre, hvordan det var gået med at løse denne yderst vigtige opgave, som Hun havde betroet ham. Efter at have ventet i næsten en time, formåede tilhængeren ikke længere at holde sig tilbage. Han sagde til Amma: "Præsidenten indvilligede i at indvie den kirurgiske afdeling. Jeg arrangerede det hele på under en time!"

Amma svarede tilhængeren: "Du må ikke tro, at du har gjort noget særligt. Det var alene på grund af Guds nåde, at alt faldt på plads."

Da han hørte Ammas ord blev tilhængeren med det samme grebet af ydmyghed. Han indså, at Amma havde kendt til resultatet allerede inden Hun bad ham om at påtage sig opgaven, og at Hun kun havde bedt ham om at gøre det for at give ham muligheden for at tjene uden tanke på sig selv – og for at lære noget vigtigt.

Amma er indbegrebet af ydmyghed, men Hun vil kun forblive ydmyg, når det hjælper andre omkring Hende til også at udvikle ydmyghed. Hvis Hendes ydmyghed bare får vores ego til at vokse, er Hun nødt til at påtage sig rollen som lærer og påpege vores fejl på en direkte måde.

I ashrammens første år havde vi en meget lille septiktank, som skulle tømmes med håndkraft. De dage, hvor der var særlige begivenheder, var septiktanken så fyldt, at den var ved at flyde over. Ved den slags lejligheder holdt alle sig for næsen, når de nærmede sig den afskyelige stank, men ingen gjorde arbejdet og tømte septiktanken.

En dag lige efter en festival, hvor alle tilhængerne var taget afsted og kun et par brahmacharier var tilbage, gjorde vi os klar til bhajans. Amma plejer aldrig at udeblive fra bhajans. Men den dag var Amma der ikke, da bhajans skulle begynde. Tro over for ashrammens disciplin begyndte en af brahmacharierne at synge, og vi andre sang sammen med ham. Men da først den ene og så den anden bhajan var færdig, begyndte vi at undre os over, hvad der foregik. Der var en af os, der rejste sig og gik hen til Ammas værelse for at se, om Hun var der. Men det var Hun ikke. Til sidst var der en, der opdagede, at Amma stod dér, hvor septiktanken var flydt over og var i færd med at løfte cementlåget af tankens top. Da vi andre fandt ud af, hvad Amma var i gang med, og kom løbende, var det allerede lykkedes for Hende at fjerne låget og Hun stod nu med nogle spande og fjernede indholdet.

Vi fik det rigtig dårligt over at se Amma stå og gøre det arbejde, som ingen af os andre havde været villige til at påtage os, og vidste at det mest rigtige at gøre i situationen var at hoppe ned i tanken og hjælpe Hende. Men vi havde stadig ikke lyst, og Amma bad os heller ikke om det. Til sidst var der en brahmachari, som gik ned i tanken og begyndte at hjælpe Amma med at rense den. Andre fik den lyse ide at stå oppe ved kanten af tanken og bære spande fra tanken ud til vandet, og på den måde var de med, samtidig med at de undgik at gå helt ned i tanken. Resten af os var nødt til at hoppe ned i tanken. Vi stod midt i tankens flydende indhold, men da vi lagde mærke til Ammas holdning som var lyksalig og helt ligegyldig over for omgivelserne – Hun kunne lige så godt have hældt rent vand ud – forsvandt vores afsky for arbejdet. Fra den dag af var der altid en eller anden brahmachari, som rensede septiktanken, når den var fyldt op. Det var ikke længere nødvendigt at spørge nogen om at gøre det. Og Amma var der altid sammen med os. De værdifulde ting, jeg har lært ved at have den slags oplevelser med Amma, har jeg stadig med mig den dag i dag. Ved den sidste dag på Amritavarshan50, som var fire dages fejring af Ammas 50 års fødselsdag, fik jeg ansvaret for at byde Indiens præsident velkommen og introducere ham for Ammas hundrede tusinder af tilhængere og beundrere, som var forsamlet på stadium.

Senere samme dag sad jeg i Ammas bil, og vi var på vej tilbage til ashrammen. Jeg var meget glad for, at festlighederne havde været sådan en succes. Det var ikke stolthed over mig selv jeg følte... snare en følelse af stolthed over Amma og hele ashrammen. Jeg var glædeligt overrasket over hele arrangementets storhed, og det var en god følelse, at jeg havde fået det privilegium at introducere Indiens præsident. På vej tilbage til ashrammen tildelte Amma mig min næste opgave. Hun sagde, at der var mere end 50 skoler i Cochin, som var blevet brugt til at indkvartere tilhængerne i, og at nu hvor skolerne igen skulle bruges af eleverne, måtte vi sikre os, at der var blevet gjort ordenligt rent. Amma lagde især vægt på, at der skulle være rent og pænt på skolernes badeværelser og toiletter, som var blevet brugt af tusinder af mennesker i løbet af de sidste fire dage. Hun bad mig om personligt at forestå og overse rengøringsarbejdet. Hun sørgede for, at bilen standsede på halvvejen til ashrammen, så jeg kunne tage tilbage til Cochin med det samme.

Jeg var sikker på, at Amma havde opsnappet den "gode" følelse det havde givet mig at byde præsidenten velkommen, og Hun ville sikre sig, at jeg ikke blev grebet af stolthed eller egoisme. Dagen efter at jeg havde budt præsidenten velkommen på stadium, gjorde jeg derfor rent på en masse beskidte toiletter. Hvis noget lignende var hændt mig år tilbage ville jeg have haft det forfærdeligt. Men i stedet for blev jeg nu inspireret af Ammas tidligere eksempel, hvor hun gjorde rent i septiktanken, og fra andre oplevelser med Amma, der lige var sket i Amritapuri i dagene inden.

I dagene før Amritavarsham50 festlighederne begyndte, var der en tilsyneladende endeløs strøm af standspersoner, som ønskede et privat møde med Amma. Der var en morgen lige efter, at Amma var blevet færdig med sine møder med flere af regeringens ministre og andre høje embedsmænd, hvor Hun gik ud fra sit værelse og begyndte at hjælpe nogle tilhængere med at sy vævede plastiksække sammen for at lave gardiner til de hundreder af offentlige toiletter, som ashrammen byggede i og omkring stadium og på skolerne og de andre steder, hvor tilhængere, der var med ved ceremonien, blev indlogeret. Selv om jeg havde kendt Amma i så mange år, var jeg alligevel forbløffet over det. Amma havde lige mødt så mange vigtige officielle personer og CEOs, men Hun tøvede ikke et øjeblik med at gøre det mest beskedne arbejde. Selv om jeg allerede vidste, at Amma aldrig ser bort fra selv en tilsyneladende mindre detalje, og at Hun aldrig anser noget arbejde for at være under sin værdighed, holder Hun aldrig op med at forbløffe mig. Det skyldes dybden af Hendes ydmyghed og rummeligheden i Hendes udsyn. For mig var det forståeligt, at Amma var klar til at rense septiktanken, så længe det bare var et ydmygt eremitage med et par få brahmacharier, der boede i hytter, men det var noget helt andet, at Amma stadig var klar til at gøre den samme slags arbejde, når der var så mange højtstående mennesker, som stod i kø for at møde Hende. Men for Amma var der ingen forskel.

Ammas største lære har altid været det eksempel, som Hun viser ved sine egne handlinger. Et af de stærkeste eksempler jeg har oplevet indtil videre var den sidste dag ved Amritavarshan50. Amma sluttede sig til sine børn på Amritavarsham50 stadiet den 27. september kl. 9.30 om morgenen. Efter en prisoverrækkelsesceremoni, nogle offentlige taler og et program med kunstneriske indslag, begyndte Hun at give darshan. Først kl. 8. om morgenen den næste morgen forlod Amma scenen – næsten 24 timer senere, og 19 af disse 24 timer tilbragte Hun med at give darshan uden at holde nogen pause. Selv om det var Ammas fødselsdag, var det Hende som gav mest – af den højeste gave som er Hende Selv.

Da Amma omsider rejste sig efter denne marathon darshan var der en smuk stilhed. Hun så sig omkring på stadium, hvor tusinder af Hendes børn stadig omgav Hende. Hun løftede sine hænder i en sidste pranam (håndfladerne samlet i ærbødighed). Mange mennesker forventede, at Hun ville falde om af udmattelse. Men Amma tog tværtimod et par nye kaimanis (håndbækkener), som nogen gav Hende, og Hun spillede en lille munter rytme – det var som om Hun holdt takten for nogle dansende, som kun Hun kunne se – og da Hun gik ned fra scenen havde hun et afslappet, lyksaligt smil i ansigtet. Amritavarshan50 var omme.

Kapitel 17

Nåden strømmer til det uskyldige hjerte

Der var en fattig ældre tilhænger fra Tamil Nadu, som plejede at hjælpe til i Ammas Amrita Vidyalayam (grundskole) i Chennai. Selv om han var meget fattig, tog han aldrig imod penge for sin hjælp. En dag var der en slægtning, som forærede ham to nye hvide skjorter og to hvide dhotier. Det gamle tøj var slidt, så tilhængeren besluttede sig for at beholde et sæt, men det andet sæt gemte han, som han havde for vane, foran Ammas billede, mens han ventede på en dag, hvor han kunne se Amma og give det til Hende.

Omtrent et år senere fik tilhængeren mulighed for at tage til Amritapuri. Han tog det nye sæt tøj med sig. Mens han stod i darshan køen og kom nærmere Amma, begyndte at han blive nervøs ved tanken om at give tøjet til Amma. Når alt kom til alt var det et sæt mandetøj.

Da han kom hen til Amma, ofrede han det tøvende til Hende. Amma åbnede pakken, og så at der var en ny hvid skjorte og en dhoti i den. Amma nøjedes ikke med at velsigne tøjet og give det videre til en ledsager i nærheden; til alles store forbløffelse tog Hun med det samme skjorten på over sin sari, og så fortsatte Hun med at give darshan. Amma havde mandens skjorte ovenover sarien i timevis. Senere sagde Amma, at det var mandens uskyldige hjerte, som spontant fik hende til at tage skjorten på. Tårerne vældede frem i mandens øjne, som var meget rørt over, at Amma værdsatte hans gave på den måde. Amma bad om, at der blev gjort plads til ham i nærheden, og han sad ved siden af Amma i lang tid. Da jeg så, hvad der skete, blev jeg mindet om en lignende historie fra Herren Krishnas liv.

Der var en meget stor men meget fattig tilhænger af Herren Krishna, som hed Kuchela og havde været barnddomsven med Herren. En dag sagde Kuchelas kone, at hun ikke længere var i stand til at bære det økonomiske pres, de levede under, og hun foreslog Kuchela, at han skulle opsøge Herren Krishna, som nu var blevet konge, for at spørge om hjælp. Kuchela var forfærdet over ideen og sagde, at Krishna var Herren selv, og at han ikke kunne forestille sig at bede Herren om andet end mere hengivenhed. Men hans kone blev ved med at presse ham i dagevis og ugevis, og for at frelse sine børn fra at sulte indvilligede Kuchela til sidst i at gå hen til Herren, selv om han ikke ønskede at bede om noget. Han sagde til sin kone, at hun ikke skulle have for høje forhåbninger. Det var slet ikke sandsynligt, at Herren Krishna genkendte ham eller inviterede ham ind. Desuden havde han ikke noget betydeligt at ofre til Ham, og han insisterede på, at Han ikke kunne gå tomhændet hen til Herren. Kuchelas kone mindede ham om, at Krishnas yndlingssnack som barn var *avil,* eller fladtrykt ris. Før Kuchela gik hen for at møde Krishna, tilberedte hans kone en håndfuld fladtrykt ris, som han kunne ofre til Herren.

Da Kuchela skulle afsted og konen gav ham den fladtrykte ris, havde hun ikke noget at folde om den, så hun lagde det i et hjørne af Kuchelas tørklæde. Det tog Kuchela flere dage at gå til Krishnas palads, og han blev mere og mere nervøs for hver time der gik. Han var sikker på, at han ikke ville få adgang til paladset.

Men ved et tilfælde fik Krishna øje på Kuchela oppe fra paladset og kom løbende ned til porten for at modtage sin gamle barnddomsven og store tilhænger. Krishna bød ham velkommen med overvældende glæde og knælede endda for Kuchela og vaskede hans fødder, fordi han havde rejst i så mange dage for at ære Ham.

Kuchela krummede tæer af forlegenhed; han kunne ikke holde ud at se sin elskede Herre vaske sine fødder, men Krishna insisterede.

Så ledsagede Herren ham indenfor i paladset og tilbød ham en stol, mens han hele tiden huskede ham på de glade dage, de havde haft sammen i deres barnddoms skole ved deres Gurus fødder. Des mere Krishna talte og des mere Kuchela så sig omkring i Herrens herskabelige omgivelser, des mere følte han, at han ikke kunne tillade sig at give så simpel en offergave som fladtrykt ris til Herren. Men mens Kuchela forsøgte at skjule sin offergave, som lå i et hjørne af hans lasede sjal, rakte Krishna ud efter den og åbnede det, og da han fik den fladtrykte ris i hånden begyndte han at spise den med stor nydelse. Kuchelas uskyldige hengivenhed havde gjort, at en meget enkel offergave bestående af fladtrykt ris var yderst velsmagende for Herren.

Kuchela forlod Dwaraka og var overlykkelig for at have modtaget Herrens darshan og så meget af Hans godhed og hengivenhed, men da han kom hjem, huskede han sin familie og sine børn og blev ked af det. Han var bange for hvad hans kone ville sige, når hun fandt ud af, at han ikke havde bedt Krishna om noget.

Fortabt i triste tanker gik han forbi huset uden at lægge mærke til, at der var sket store forandringer med det. Den simple rønne var blevet til et funklende palæ. Hans kone så ham gå forbi og kaldte ham tilbage og fortalte hvordan glæde og fremgang pludselig var begyndt at strømme takket være Krishnas nåde.

Ifølge Sanatana Dharmas tradition er det ikke så meget den ydre tilbedelse, som er vigtig. Det vigtigste er den uskyld og kærlighed, tilbedelsen er fyldt med. Selvfølgelig kan riter og ritualer hjælpe os til hengivenhed og koncentration. Men en sten eller et græsstrå, der bliver ofret med et hjerte fyldt af kærlighed og hengivenhed er mere dyrebar for Herren end det mest kunstfærdige ritual, som bliver udført med stolthed i hjertet og ego.

I *Bhagavad Gita* siger Herren Krishna:

197

patraṁ puṣpaṁ phalaṁ toyaṁ yo me bhaktyā prayacchati
tad ahaṁ bhakty upahṛtam aśnāmi prayatātmanaḥ

*"Hvem der end med hengivenhed ofrer noget til Mig, et
blad, en blomst, en frugt eller noget vand, så modtager jeg
med glæde offergaven fra den, hvis hjerte er rent."*

IX.26

På en af Ammas seneste Europature, var der en tilhænger fra
Hawaii, som købte en krans for at ofre den til Amma. Der var sat
tidsbegrænsning på darshan, så hun kunne ikke komme til om
eftermiddagen, men blev bedt om at komme tilbage og få darshan
om aftenen. Det betød, at hun var nødt til at bære på kransen i flere
timer, før hun kunne ofre den til Amma. Det var måske på grund
af hendes kulturelle baggrund og manglende kendskab til indisk
skik og brug, at hun tog kransen om sin egen hals og havde den på,
indtil hun skulle have Ammas darshan. Det anses for at være meget
upassende i Indien. Jeg stod i nærheden af Amma, da hun kom til
darshan. Da kvinden rykkede fremad i køen, lagde jeg mærke til, at
hun selv havde kransen på, og at den nu var visnet. Da det næsten var
blevet hendes tur, tog hun kransen af, og da hun skulle til at lægge
den ind over Ammas hals, forsøgte jeg at få fat på den og afholde
hende fra at gøre det. Jeg foreslog, at hun tog en frisk krans, så hun
kunne give den til Amma i stedet for. Men Amma skubbede min
arm til side og insisterede på, at kvinden fik lov til at give Amma
den krans, som hun havde haft på. Kvinden forklarede med tårer
i øjnene, at hun kun havde taget kransen på for at opbevare den i
sikkerhed, indtil hun fik mulighed for at give den til Amma. Jeg
lagde kun mærke til, at kvinden ikke fulgte traditionen på den rig-
tige måde og derved uforvarende udviste manglende respekt over
for Amma, men Amma så kun kvindens uskyldige ønske om at give
Hende en krans.

Det mindede mig om historien om den indiske helgen Andal,
som adopterede datteren af en stor tilhænger og hengiven, som hed

Vishnu Chittar eller "én hvis sind er fordybet i Vishnu". Vishnu Chittars vigtigste spirituelle praksis var at binde blomsterkranse i hånden til Vishnu *murti* (stenfigur der repræsenterer en bestemt guddom) i et tempel i nærheden. En dag hvor Vishnu Chittar var ude i sin have og plukke *tulasi* (hellig basilikum) blade til dagens blomsterkrans opdagede han en lille baby, som lå på den bare jord. Det var en lille pige, og han tænkte, at der måske var nogen, som havde efterladt hende der ved et uheld, så han forsøgte at finde hendes forældre og ledte efter dem i hele nabolaget. Men da ingen havde hørt et ord om barnet, besluttede han sig for, at hun måtte være en gave fra hans elskede Herre Vishnu, og han tog pigen til sig som sit eget barn og opdragede hende med stor kærlighed og omsorg.

Vishnu Cittar glædede sin datter Andal med historier om Herren Krishnas gavtyvestreger og hans lege med gopierne. Vishnu Chittar fandt hurtigt ud af, at hans datters hjerte åbnede sig for kohyrdedrengen fra Brindavan, den mest charmerende af alle Avatarer (Guddommelige Inkarnationer). Hvor Vishnu Chittar oplevede Herren som sin egen kære søn, forholdt Andal sig til Herren som sin elskede kæreste. Som hun blev ældre blev følelsen i hende stærkere. Selv som teenager udviste hun ingen interesse for drenge, hun tænkte kun på sin elskede Herre Krishna.

Gennem alle disse år holdt Vishnu Chittar fast i sin vane og lavede hver eneste dag en krans til Vishnu murti. Han plejede at lave kransen tidligt om morgenen og efterlade den i puja rummet, mens han gik ned til en flod i nærheden for at bade, før han gik hen til templet med kransen.

Han var ikke klar over, at Andal samtidg havde udviklet en anden vane, som var at vente indtil Vishnu Chittar var gået ned til floden, og så tog hun kransen, som han havde lavet, om sin egen hals. Der var en fuldstændig uskyldighed i hendes hjerte, mens hun spejlede sig og forestillede sig, hvordan kransen ville se ud på hendes Herre.

En dag efter at Vishnu Chittar var kommet tilbage fra sit morgenbad, tog han kransen fra sit alter og opdagede et langt sort hår, som sad fast i den. Han var helt sikker på, at det ikke var hans eget hår og havde han ingen anelse om, hvordan det kunne være gået til. Han syntes ikke at han kunne tillade sig at ofre sådan en krans til murtien, så derfor besøgte han ikke templet den dag. Dagen efter vågnede han og var stadig meget bekymret over dét, der var sket den foregående dag. Som sædvanlig lavede han kransen i de tidlige morgentimer og efterlod den på sit alter. Men i stedet for at gå ned til floden for at bade bagefter, skjulte han sig i nærheden af pujarummet for at finde ud af, hvad der var på færde. Til sin store forbløffelse så han datteren tage kransen om sin egen hals, beundre sit eget spejlbillede og lyksaligt glemme verden omkring sig. Rasende og frastødt over at hans egen datter begik helligbrøde mod hans elskede Herre, skyndte han sig ind i pujarummet og rev kransen væk fra den fortvivlede Andal. Også den dag undlod han at ofre kransen til guddommen. Han besluttede, at han dagen efter ville lave den mest smukke krans, han nogensinde havde lavet og sikre sig, at hans blasfemiske datter ikke kom i nærheden af den. Den nat fik han en vision af Herren Vishnu, som informerede ham om, at han ikke ønskede nogen krans fra Vishnu Chittar, medmindre hans kære Andal først havde haft den på. Det var først efter den drøm, at Vishnu Chittar indså storheden i datterens hengivenhed. Selv om det hun gjorde ikke fulgte den foreskrevne tradition, havde hendes uskyldige kærlighed til Herren og hendes ensidige hengivenhed til Ham gjort, at Herrens hjerte havde åbnet sig for Andal.

Sådanne fortællinger om hengivenhed, både fra tidligere tider og fra i dag, viser os, at det frem for alt er et uskyldigt hjerte, som tiltrækker Guds nåde. Selv om vi husker komplicerede ritualer og tekster, vil det være svært at gøre noget egentligt spirituelt fremskridt, medmindre vi har en uskyldig kærlighed til Gud.

En af Ammas brahmacharier delte en rørende historie med mig. En meget fattig kvinde kom med tårer i øjnene for at få Ammas darshan i Amritapuri. Da Amma spurgte hende, hvorfor hun græd, sagde hun: "Jeg kan ikke finde mine sandaler, Amma".

Da bramacharien hørte det, blev han en smule irriteret og tænkte: "At bede Amma om et par sandaler er som at bede en gavmild konge om en gulerod."

Alligevel tog Amma kvindens anliggende meget alvorligt og sagde, at det var på grund af skødesløshed fra ashrammens beboeres side, at denne fattige kvinde havde mistet sine sandaler. "Mennesker, som bor i ashrammen, kender ikke til vanskelighederne ved et verdsligt liv," sagde Amma. "Disse mennesker går gennem så meget fortvivlelse og oplever så mange traumer i deres liv. Det er så hårdt for dem at skaffe regelmæssige måltider og få råd til de mest enkle daglige fornødenheder og klare det daglige liv. Og det er med få og meget hårdt tjente penge, at de må købe deres sandaler."

En anden brahmachari i nærheden forklarede Amma, at nogle af tilhængerne ikke benyttede sig af de skohylder, som blev stillet til rådighed af ashrammen, men i stedet for efterlod deres sandaler under trappen, der fører til darshan-hallen. Eftersom mange menneskers sandaler ser ens ud, var det uundgåeligt at nogle sandaler lejlighedsvis ville forsvinde.

Men Amma var ikke så let at snakke fra det. Hun bad brahmacharien om at stille plasticposer til rådighed, så tilhængerne kunne tage deres sandaler med sig, når de skulle ind og have Ammas darshan.

Der var stadigvæk nogle af brahmacharierne, som stod i nærheden, der havde indvendinger og sagde: "Amma, det er ikke korrekt at have sandaler med når man nærmer sig en Mester."

"Anser du sandaler for at være så lave?" spurgte Amma dem med skepsis i stemmen. "I Guds skabelse er intet lavt. Amma anser disse sandaler for at være en af Guds former, fordi de beskytter Ammas børns fødder fra sten og torne. Du forsøger at se Brahman overalt, og alligevel kan du ikke acceptere, at et par sandaler også er guddommelige." Samtidig med at Amma belærte brahmacharien, bad Hun ham om at give den fattige kvinde et par nye sandaler.

Der er en lignende historie i Herren Krishnas liv. I begyndelsen af Mahabharata krigen forvoldte Bhisma, som var generalen i Kauravaernes hær, nogle frygtelige ødelæggelser i Pandavaernes hær. Det voldsomme angreb fik hurtigt moralen hos Pandavaerne til at svinde ind, og til sidst besluttede Krishna sig for at tage hen og møde Bhishma, som også var hans tilhænger, i fjendens lejr blandt Kauravaerne. Draupadi, som var hustru til alle fem Pandava brødre[2], tog sammen med Krishna afsted på midnatsekspeditionen.

Da de nåede frem til Bhishmas telt, forklarede Herren Draupadi med lavmælt stemme, at Bhishma sov, og at hun skulle gå indenfor og knæle for ham. Draupadi fulgte Krishnas anvisninger, tog sine sandaler af og gik indenfor.

Da hun kom ind, rørte Bhisma på sig, og da han så, at det var en kvinde, som knælede foran ham, fremsagde han en velsignelse: "Må du forblive lykkeligt gift." Da Draupadi rejste sig, og Bhishma opdagede, at han lige havde velsignet sine fjenders hustru, blev han

---

[2] For læsere, som ikke er bekendte med den episke fortælling Mahabharata, kan det synes mærkeligt at høre at en kvinde af ædel herkomst som Draupadi giftede sig med fem retskafne mænd som Pandavaerne. Men dette forhold er meget symbolsk på flere niveauer. På historiens niveau giftede alle Pandavaer sig med Draupadi, fordi de havde hengivenhed og respekt over for deres mors anvisninger. Arjuna vandt retten til at gifte sig med Draupadi i en bueskydningskonkurrence. Efter ægteskabet bragte de fem brødre Draupadi med hjem for at introducere hende til deres mor. I deres iver ventede de end ikke med at komme indenfor før de fortalte om de gode nyheder. Som de kom nærmere deres hjem, råbte de, "Kære mor, se hvad vi har bragt med os hjem!"

Uden at kigge og idet hun gik ud fra at hendes sønner refererede til en eller anden ting, råbte Pandavaernes mor, "Hvad det end er, del det mellem de 5 af je,r som I altid har gjort."

Pandavaerne var chokerede over at få denne anvisning, men eftersom den kom fra deres mor, følte de ikke at de havde andet valg end at acceptere og hver af dem blev gift med den samme kvinde.

Symbolsk repræsenterer Pandavaerne forskellige karakteristika ved et ædelt menneske. Sahadev repræsenterer hengivenhed og intelligens; Nakula repræsenterer skønhed; Yudhishthira var legemliggørelsen af dharma; Arjuna symboliserer mod; og Bhima repræsenterer fysisk styrke. Set på denne måde er Draupadis ægteskab med de fem Pandavaer et billede på, hvor vigtigt det er at opdyrke hver af disse kvaliteter i vores egen karakter.

rasende og sagde: "Hvor vover du at komme her? Hvem har ledsaget dig?" Da han åbnede teltets dør, så han sin elskede Herre Krishna, der holdt Draupadis sandaler i sine hænder. Efter at Draupadi var gået ind i teltet, var det begyndt at regne, og Krishna var blevet drivvåd.

Bhisma var chokeret over synet af Krishna, som stod i regnen, og endnu mere chokeret over, at han stod med sandalerne i hånden. "Min kæreste Herre!" udbrød han. "Hvad er dog dettte?" Herren smilede sødt: "Regnen kom pludseligt. Jeg blev bekymret for, at Draupadis sandaler skulle blive våde, og derfor forsøgte jeg at dække dem med mit sjal."

Da Draupadi fandt ud af, hvad der var sket, udbrød hun med panik i stemmen: "Min Herre! I morgen kan hele verden fordømme dig fordi du har båret en kvindes fodtøj!"

Krishna svarede roligt: "Lad blot verden indse, at mine tilhængeres fodtøj i sandelighed er dyrebare. Gud findes i hver eneste ting. Disse sandaler er et billede af Herren."

Amma siger, at Guruen lever for disciplen, for den hengivne tilhænger. Når vi husker det, er det også let at forstå, hvordan vores elskede Amma og Herren Krishna kan tillægge deres tilhængeres fodtøj så stor betydning. For når alt kommer til alt, bliver vi så ikke oprevede, når vi mister et par af vores egne sko? Jeg har mange gange set, at mennesker er kommet til Ammas programmer og har forsøgt at finde sko, der er blevet væk, som om deres liv afhang af det. Og alligevel har vi svært ved at give den samme ting en lige så stor betydning, hvis den tilhører andre end os selv. Men selv om vi ikke er i stand til at se Gud i sandaler, så lad os i det mindste elske de tilhængere, som har dem på og huske, at Gud holder til i hver og en af dem.

Kapitel 18

Nådens mysterium

En mand dør og finder sig selv ved himlens port. Sankt Peter fortæller manden: " Du skal have 100 points for at få adgangstilladelse til himlen. Fortæl mig nu hvilke gode ting, du har gjort igennem livet, og så vil jeg give dig et vist antal point for hver ting, alt afhængig af hvor god den har været. Når du har nået 100 points, kommer du ind."

"Okay," siger manden, "Jeg var gift med den samme kvinde i 50 år, og jeg var hende aldrig utro. Jeg så aldrig på nogen anden kvinde med begær i mit hjerte."

"Det er fint," sagde Sankt Peter. "Det er to point værd!"

"To point?" sagde manden og lød lidt afskrækket. "Ja, så gik jeg i kirke hver søndag hele mit liv og ledede kirkekoret. Jeg var også frivillig i kirken på andre måder og gav regelmæssigt donationer."

"Det var vel nok godt for dig, at du gjorde det," sagde Sankt Peter. "Det er helt sikkert et point værd."

"Et point? Hvad så med det her: jeg arbejdede som velgørende læge, jeg rejste ind i krigsramte områder og hjalp de trængende. Desuden adopterede og opfostrerede jeg tre forældreløse krøblinge børn fra nogle af de fremmede lande, som jeg besøgte."

"Fremragende, det er to point mere værd." sagde han.

"To point!?" Manden kastede sine hænder i vejret. "På den måde kan jeg kun komme i himlen ved Guds nåde!"

"Det er helt rigtigt," svarede Sankt Peter.

Amma siger, at hvis vores anstrengelser inden for et område skal lykkes, så er der brug for Guds nåde. Selv for at komme sikkert over gaden skal der nåde til. I en hvilken som helst situation eller hvilket som helst forehavende, findes der så mange faktorer, vi ikke har kontrol over. Selvfølgelig kan vi kontrollere, hvor stor en indsats, og hvor meget opmærksomhed og omhu vi lægger i vores handlinger. Men det er nåde, som samler alle faktorerne på en gunstig måde og sørger for, at vores anstrengelser bærer frugt.

I sommeren 2004 under formiddagens darshan i Ammas San Ramon ashram, var jeg i darshan-hallen og talte med en tilhænger. Jeg stod med det første af det materiale, jeg havde samlet til min anden bog, *Den højeste succes*. Mens jeg talte med tilhængeren, banede jeg mig langsomt vej til scenen. Da jeg nåede op til scenen, kaldte Amma pludselig på mig. Så snart jeg kom hen i nærheden af Hende, greb hun fat i den bunke papirer, som jeg holdt i hånden. Med højlydt stemme lavede Hun sjov med mig og fortalte alle, der stod i nærheden at jeg altid gik rundt med en hundepose eller en bunke papirer, og så begyndte Hun at gennemgå papirerne, som Hun havde taget ud af hånden på mig, mens Hun spurgte mig hvad det var. Jeg fortalte Amma hvad det var, og med det samme udbrød Hun: "Åh, du er ved at skrive en anden bog!"

"Ja, Amma," svarede jeg. "Skulle jeg ikke det?"

Amma svarede: "Jo, jo, skriv du bare den." Samtidig lukkede Hun øjnene et par sekunder og velsignede papirerne. Hvis læserne af *Den højeste succes* fandt noget brugbart eller godt i den bog, var det udelukkende på grund af Ammas nåde.

Vi ved aldrig, hvordan og hvornår guddommelige velsignelser kommer til os. For mange år siden, da der kun var få mennesker, som boede i ashrammen, begyndte swamierne at komponere bhajans, som vi sang hver aften sammen med Amma. På det tidspunkt havde de fleste senior swamier undtagen mig komponeret sange. Jeg anser ikke mig selv for at være en stor musiker, så det var aldrig faldet mig ind at komponere en bhajan. Men en sen aften dukkede der både tekst og musik op i mit sind, og jeg besluttede mig for at skrive min første sang til Amma. Omkring kl. 1.00 om morgenen var jeg næsten færdig med denne bhajan, og da hørte jeg det banke på døren. Jeg åbnede og blev meget overrasket over at se Amma stå på dørtærsklen. "Hvad laver du så sent oppe?" spurgte Amma uskyldigt. Jeg forklarede lidt genert, at jeg var ved at komponere en bhajan til Amma. "Åh ja, for et par dage siden, kom Amma til at tænke på, at de fleste andre swamier havde komponeret bhajans. Amma undrede sig over, hvorfor du ikke havde gjort det endnu." Ammas bemærkning var tilsyneladende tilfældig, men jeg forstod på den, at det var Amma, som havde lagt både ordene og melodien til sangen i mit sind, og jeg opdagede, at jeg bogstaveligt talt var et instrument i Hendes hænder.

En af dem, der organiserede Ammas programmer i New Mexico, fortalte en smuk anekdote om den første gang Amma besøgte New Mexico, hvor han hentede Amma og kørte Hende hjem. Det regnede, da de kom ud fra lufthavnen. Inden de gik ind i bilen, stod Amma et stykke tid med håndfladen vendt opad, mens Hun samlede nogle regndråber i hånden. Så vendte Hun sig om mod tilhængeren og sagde: "Nåden strømmer altid ned som regn. Vi skal bare være åbne for at modtage den."

Det Amma mener er ikke bare, at vi skal være villige til at modtage Guds hjælp, men at vi skal være åbne for at modtage den. Ammas udsagn er i virkeligheden meget vidensbaseret. Amma siger, at hver og en af os har en subtil aura, som optager de subtile indtryk fra hver eneste af vores tanker, ord og handlinger. Et menneske, som kun tænker rene tanker, kun siger gode ord, og kun gør gode handlinger vil have en aura, som er gylden i farven og yderst modtagelig for nåde. Hvorimod mennesker, hvis sind er fyldt med negative tanker, som er fordømmende, hævngerrige, misundelige og lystfyldte, som har skarpe tunger og er ondsindede, og hvis handlinger kun gavner dem selv har en aura, som er mørk og overskyet – og så har nådens lys svært ved at trænge igennem. Det er indtryk, der er efterladt i auraen af personens egne handlinger, som blokerer nådens strøm fra at nå frem til ham eller hende.

Kun mennesker er i stand til at arbejde på at blive mere modtagelige over for nåde. Det er grunden til, at man siger, det menneskelige liv er et velsignet liv. Alle andre livsformer mangler menneskets skelneevne – der er ingen fornemmelse af rigtigt og forkert eller godt og ondt. Når en hund uden grund bider et postbud, vil det hverken øge eller nedsætte hundens modtagelighed for nåde, fordi hunden ikke kan skelne. Men hvis postbudet sparker hunden uden grund, efterlader handlingen et tilsvarende negativt spor på hans eller hendes aura; han eller hun besidder skelneevne, og man regner med, at personen har en sans for dharma. Men vi skal ikke blive modløse, når vi tænker på vores tidligere handlinger, som måske kan have blokeret for, at nåden når frem til os. Det er bedre at glæde sig over muligheden for at gøre en positiv indsats i nuet, en indsats, som vil gøre os mere og mere modtagelige for nådens strøm, indtil hele vores liv bliver en velsignelse.

En måde at blive mere modtagelig over for nåde er ved oprigtigt at følge en Sand Mesters anvisninger. En gang bad Amma ashrammens beboere om at se, hvem der kunne gentage deres mantra i længst tid uden afbrydelse. Det var ikke en konkurrence, men en udfordring til den enkelte. Hun instruerede os i ikke at chante særlig hurtigt som om det var et kapløb, men at chante med en vedholdende fornuftig hastighed, med kærlighed og opmærksomhed. Nogle beboere chantede 5.000 mantraer, andre chantede mindre og nogle chantede mere. Men da natten til sidst faldt på, gik vi alle i seng. Det vil sige alle undtagen en af os. En af ashrammens beboere holdt sig vågen i 24 timer og chantede hele tiden sit mantra. Bagefter gav Amma ham to stykker slik som prasad. Lyder det som en utilstrækkelig belønning? Man kan måske sige, at lidt slik ikke er særlig meget at opnå efter 24 timers arbejde, men det var i virkeligheden langt mere end det. Det er ikke de to stykker slik, der er vigtige, men Ammas anerkendelse. Alle chantede i lang tid, men det faldt ikke nogen af de andre ind at opgive deres søvn for at følge Ammas anvisning. Men denne ene person tænkte: "Amma sagde prøv at chante så mange mantras som muligt og eftersom det er muligt at klare en nat uden søvn, så lad mig gøre det." Det var på grund af denne tanke og dette niveau af dedikation, at Amma viste sin anerkendelse. Og uanset om vi er bevidste om det eller ikke, så er det denne anerkendelse – ikke bare anerkendelse fra hvem som helst, men anerkendelsen fra en Sand Mester – som er dét, vi alle søger. Hvis Guruen anerkender os, betyder det, at nåden strømmer til os.

Selvfølgelig vil Amma end ikke afvise selv den værste forbryder, men ved at gøre gode handlinger, kan vi blive mere modtagelige for Hendes velsignelser og nåde. Amma fortæller ofte historien om en lille dreng, som uden at vide det gjorde sig selv til en magnet for Ammas nåde og hengivenhed. En dag mens Amma gav darshan i Amritapuri, var der en person, som blev syg og kastede op midt i darshan køen. Personen undskyldte sig og tog hen til ashrammens hospital, men var ikke i stand til at gøre rent efter sin opkastning i templet. De, der stod i nærheden og ikke kendte manden, oplevede ikke, at det var deres pligt at gøre rent efter ham. Gradvist kom de oprindelige vidner til episoden til darshan og gik deres vej, men det opkastede blev liggende midt på templets gulv halvvejs nede ved darshan køen. Hver eneste person, som kom op til Ammas darshan, var nødt til at træde hen over det, og mange af dem holdt sig for næsen og kritiserede endda ashrammen og sagde, at der ikke var nogen som holdt ordentligt rent. Der var nogen, som fortalte Amma om, at der lå noget opkast, men ingen meldte sig frivilligt til at at fjerne det. Så var der en lille dreng, der ikke var mere end otte år gammel, som kom hen til det sted, hvor han skulle træde hen over for at komme videre i darshan køen. I stedet for at holde sig for næsen og hoppe over, drejede han omkring og skyndte sig ud af templet. Et øjeblik efter kom han tilbage med en klud i den ene hånd og en spand vand i den anden. Uden at se hverken til højre eller venstre, satte drengen sig på hug og begyndte at gøre grundigt rent der hvor personen havde kastet op. Han løb ind og ud af templet flere gange for at gøre kluden rent, før han tørrede gulvet. Han efterlod et blankpudset og rengjort stykke med fliser der hvor personen havde kastet op. Til sidst gik drengen hen for at vaske hænder, før han igen kom tilbage i darshan køen.

Amma havde set alt, hvad der skete, og da Hun tog drengen i sin favn, var Hun meget kærlig og omsorgsfuld. Selv da Hun gik ud af darshan hallen og hen til sit værelse, blev drengens ansigt ved med at dukke op i Hendes sind - også selv om Hun havde mange møder og telefonopringninger i løbet af dagen. Amma talte også om ham på et senere tidspunkt. Hun sagde, at selv om Hendes nåde flyder som en flod mod hver og én, var det som om at hans uskyldige og rene handling, som havde været helt uden tanke på ham selv, havde skabt en lille niche i kanten af Hendes nådes flod, hvorfra nåden strømmede direkte og spontant.

Der er mennesker, som oplever, at de ikke har behov for en Guru eller endda for Gud, og at de via deres egne anstrengelser vil være i stand til at opnå oplysning. Men både skrifterne og Mestrene siger, at vores egne anstrengelser er begrænsede, og at det kun er nåden, som kan få os over den sidste tærskel og ind i den endelige oplysning. Amma siger, at det svarer til, at vi kan komme frem til det sidste stoppested på en busrute, hvorfra der ikke er langt til vores bestemmelsessted. Men det sidste stykke vej kommer vi kun ved hjælp af Guruens eller Guds nåde. Amma fortæller den følgende historie.

Der var en *dharmashala* (logi for pilgrimme), hvor der blev serveret mad til pilgrimme hver dag. Det var reglen på stedet, at pilgrimmene ringede på en klokke, som hang ned fra en markise, hvorefter stedets ejer åbnede lågen og serverede maden, når han hørte klokken. En dag kom en fattig lille dreng, der levede af almisser, til denne dharmshala og forsøgte at ringe med klokken. Klokken hang for højt oppe til at han kunne nå den. Han forsøgte at ringe på klokken med en stav, men den var stadig uden for hans rækkevidde. Han forsøgte at klatre op på nogle stativer, men lige meget nyttede det. Til sidst forsøgte han at springe derop fra et stativ, men det gik heller ikke. Drengen var udmattet og satte sig modløst på jorden. En forbipasserende havde fra en bænk på den modsatte side af gaden set, hvor ihærdigt drengen havde forsøgt at nå klokken og

210

fik nu medlidenhed med ham. Han rejste sig, krydsede gaden og ringede med klokken for ham. Snart åbnede lågen sig, og drengen fik serveret mad i dharmashalaen.

Efter at have udført spirituel praksis og gjort alt hvad vi kan for at rense os selv, må vi vente tålmodigt på, at Mesteren skænker os sin nåde. Men vi skal være omhyggelige med ikke at gøre en indsats bare for at afvente nåden. Amma siger: "Det er i orden trofast at vente på, at Gud kommer, men vær sikker på, at du er omhyggelig, mens du venter. Hvis du er beskæftiget med andre ting, hvordan kan Gud så komme? Hvordan kan Hans nåde strømme? Det er tåbeligt at sige. 'Jeg venter på Gud og på, at Hans nåde skal komme. Han er evigt medfølende, så Han vil komme. Indtil da vil jeg engagere mig i andre vigtige ting.' Med den slags tro vil du hverken modtage nåde eller få kraften til at overvinde svære situationer."

I sidste ende er det kun nåden, som kan give os erfaringen af Sandheden. Men den eneste måde vi kan opnå den slags nåde på, er ved utrætteligt at gøre en indsats for at nå målet, ligesom drengen ved dharmashala gjorde alt hvad der stod i hans magt for at ringe med klokken. Det var drengens oprigtige indsats, som tiltrak mandens opmærksomhed og rørte hans hjerte. Når vi oprigtigt stræber efter at realisere Selvet, vil vi på samme måde helt sikkert tiltrække Guruens nåde, som vil føre os til det højeste mål. Fra vores side kræver det en helhjertet stræben. Alt det andet sørger Mesteren for.

Kapitel 19

Velsignelser i forklædning

I forrige kapitel definerede vi nåde som den faktor, der gør vores anstrengelser succesfulde og hjælper os til at nå vores mål i livet. Det er rigtigt, at nåden nogle gange fungerer på den måde, men det er ikke altid så enkelt. På den spirituelle vej vil vi finde ud af, at det måske snarere er i vanskeligheder, end når det går os godt, at nåden er mest håndgribelig. Måske var det med dette for øje at den græske dramatiker Aeschylus skrev: "Han som vil lære må lide. Selv i søvnen falder der dråber af uforglemmelig smerte ned på hjertet og i fortvivlelse, mod vores vilje, kommer visdommen til os ved Guds forfærdelige nåde."

Fra 1985 begyndte Amma at sende mig væk fra ashrammen for at give satsang og mødes med tilhængere i andre af ashrammens afdelinger. Fra da af var den eneste længerevarende periode, som jeg kunne tilbringe i Ammas nærvær, under Hendes ture rundt omkring i verden. Nu har Amma sin Japan og USA tur i løbet af sommeren, Hun kommer tilbage til Amritapuri i to måneder, og så har Hun Europa tur i oktober og november. Men den gang var Europa turen efter USA turen, så jeg kunne i 3 måneder uafbrudt være i Ammas nærvær. Det var en lyksalig periode for mig, og hvert år så jeg frem til den. Men i 1989 skete der noget, som gjorde turene meget vanskelige for mig. Hver gang jeg gik hen til Ammas værelse, fandt Hun en eller anden grund til at bede mig om at gå igen. Enten sagde Hun, at Hun havde travlt, eller at Hun godt ville være alene, eller også skældte Hun mig ud over ting, jeg havde gjort forkert, indimellem bebrejdede Hun mig endda for ting, jeg ikke havde gjort.

Som tiden gik lagde jeg mærke til, at Hun ikke gjorde det samme over for de andre swamier. Jeg blev meget ked af det hver gang, Hun behandlede mig på den måde. Da jeg fandt ud af, at jeg var den eneste swami, Hun behandlede på den måde, fik jeg det endnu værre. Jeg begyndte at begå fejl, når jeg spillede tromme for Amma under aftenens bhajans og i det hele taget havde jeg det ikke godt. Denne behandling fortsatte under hele turen i 1989 og igen under hele verdensturen i 1990. På et tidspunkt under 1990 turen bad Amma mig omsider om at komme hen til Hendes værelse. Jeg gik tøvende derhen, mens jeg tænkte over, hvad der mon ventede mig. Jeg tænkte endda, at Amma måske ville sende mig tilbage til Indien, fordi jeg ikke længere spillede ordentligt på tromme.

Da jeg kom ind på Ammas værelse, var Hun venlig. Hun forklarede mig tålmodigt, at jeg gennemgik en meget dårlig periode, og at jeg var bestemt til at gennemgå lidelse og strabadser i denne periode. Det var grunden til, at Amma havde behandlet mig så hårdt. Hun sagde også, at jeg skulle aflægge et ekstra løfte ved siden af min normale spirituelle praksis. Hun fortalte, at denne periode var så dårlig for mig, at det endda kunne være at jeg ville være nødt til at forlade ashrammen.

Jeg tænkte over Ammas råd, og jeg vidste, at Amma var mit et og alt, og at jeg ikke havde nogen anden Gud end Hende. Derfor besluttede jeg at aflægge et løfte om stilhed og faste om torsdagen, som traditionelt er den dag, der symbolsk anses for at være særlig egnet til tilbedelse af Guruen. Jeg blev også klar over, at Ammas behandling af mig kun havde været en måde at hjælpe mig til at udtømme min prarabdha uden at skulle gå igennem situationer, der var endnu værre. Ifølge karmaloven var jeg nødt til at opleve en slags indre følelsesmæssig lidelse og ængstelse i den periode. Amma hjalp mig til at gennemgå lidelsen uden at jeg var nødt til at forlade Hende.

For nyligt kom en ung brahmachari, der tjente som *pujari* (tempelpræst) i en af Ammas Brahmasthanam templer hen til Amma med tårer i øjnene. Da Amma spurgte ham, hvad der var galt, forklarede han, at de fleste mennesker fra templets område havde taget meget varmt imod ham, men der var et ægtepar som havde givet ham en rigtig grov behandling. De havde sagt til ham, at hans blotte tilstedeværelse var afskyelig, og at hvis Amma ikke tilkaldte en anden brahmachari, som kunne erstatte ham, så ville de holde op med at komme i templet. Da han havde fortalt færdigt, spurgte han nedtrykt Amma: "Er min blotte tilstedeværelse så afskyelig, Amma?" Amma tørrede hans tårer og trøstede ham, mens Hun sagde: "Hvis nogen er grov mod dig, så skal du bare lade være med at give opmærksomhed til dét, de siger." Brahmacharien blev trøstet af Ammas ord, men bagefter sagde Hun noget, der forbløffede ham. "Snart kommer den dag hvor hundreder af mennesker vil kappes om din opmærksomhed!" Med nyt mod vendte brahmacharien tilbage til Brahmasthanam Templet den følgende dag. Ammas ord havde opløftet ham, selv om han ikke kunne se hvordan Hendes forudsigelser på nogen måde kunne blive til virkelighed.

Adskillige måneder senere, dagen efter tsunamien, kaldte Amma denne brahmachari til sig og bad ham om at tage hånd om mere end 700 børns fysiske og følelsesmæssige behov. Børnene havde mistet deres hjem og i mange tilfælde også et eller flere familiemedlemmer. I løbet af de følgende uger og måneder udviklede disse børn en dybt forankret hengivenhed og respekt for denne brahmachari. Hvor end han gik blev han fulgt af mindst et dusin af disse børn og da de opdagede hvor stor succes han havde med at at inspirere, underholde og disciplinere dem begyndte de overlevende slægtninge også at søge hans opmærksomhed og kappes om at modtage hans råd.

Nogle gange er der ifølge vores prarabdha ingen måde vi kan undgå smertefulde erfaringer; vi har intet andet valg end at udholde det. Forfatteren Chunua Achebe beskriver det meget rammende: "Når lidelsen banker på din dør og du siger, at du ikke har noget sted han kan sidde, svarer han at det skal du ikke bekymre dig om for han har medbragt sin egen stol." I sådanne tilfælde velsigner Amma os med styrken til at møde situationen med mod og ligevægt.

For tre år siden skulle jeg igennem to knæ operationer. Tidligere havde Amma sagt, at det var en dårlig periode for mig og at jeg skulle være forsigtig med mit helbred. Fordi Amma ikke specifikt sagde hvilken slags helbredsproblem, jeg skulle være opmærksom på, bekymrede jeg mig ikke om det. Jeg overgav blot problemet – hvad det end måtte være – til Amma. Kort tid efter mærkede jeg en dag en meget stærk smerte i et af mine knæ. Da jeg fortalte Hende om det, bad Amma mig om straks at tage på hospitalet. Efter at have undersøgt mig foreslog lægerne at jeg fik et kirurgisk indgreb. Selv om det kun var en mindre operation var jeg noget nervøs, fordi jeg aldrig før havde haft nogen alvorlig skade eller sygdom.

Amma sagde, at jeg skulle gennemgå det kirurgiske indgreb, så jeg lagde planer for operationen. Jeg var i USA på det tidspunkt, og jeg ringede til Amma næsten hver dag og bad til Hende om Hun ikke på en eller anden måde ville hjælpe mig til at undgå operationen. Når jeg talte med Hende forsikrede Hun mig om at: "Du skal ikke bekymre dig, min søn. Alt vil gå i orden."

Ud fra Ammas ord var jeg sikker på at operationen ville blive afværget. Men på dagen hvor operationen var fastlagt var min tilstand ikke forbedret, og jeg havde intet andet valg end at gennemgå indgrebet. Operationen gik godt og bagefter ringede jeg til Amma. Hun sagde at selv om jeg ikke havde været i stand til at se Hende, havde Hun været med mig under operationen. Da jeg hørte Ammas ord følte jeg mig meget trøstet. Efter operationen forsvandt smerten.

Seks måneder senere fik jeg flere problemer i det samme knæ. Lægerne informerede mig om at et andet indgreb ville være nødvendigt. Denne gang sagde Amma at det skulle foregå på AIMS, Hendes højt specialiserede hospital i Cochin. Første gang havde jeg været langt væk i USA og jeg kunne ikke være med Amma i flere dage. Hvis jeg fik operationen på AIMS kunne jeg se Amma inden for et par dage, eftersom AIMS kun er tre timer fra ashrammen. Jeg fulgte Ammas råd og fik den anden operation. Denne gang vidste jeg, at Amma ville være med mig i subtil form under operationen og at jeg ville være i stand til at se Hende kort tid efter, så jeg var slet ikke nervøs. Før det havde jeg endog svært ved at få et stik i armen, men efter den erfaring føler jeg ingen anspændthed ved de indgreb, jeg må gennemgå. I dette tilfælde hjalp Amma mig ikke på den måde jeg forventede; Hun fjernede ikke problemet. I stedet for gav Hun mig styrken til at klare oplevelsen med ligevægt i sindet. Sande Mestre vil kun meget sjældent overskride eller gribe ind i universets love, selv om det står i deres magt at gøre det. De respekterer og underkaster sig lovene, både fordi de ikke har nogen specielle selv-motiverede årsager til at gøre noget andet og fordi de fra deres bevidsthedsniveau forstår, at disse love kun virker til verdens bedste.

Men der er eksempler hvor Moder Natur svarer på den spontane *sankalpa* eller gudommelige beslutning, som træffes af Mahatmaer som Amma. En år under Ammas programmer i San Ramon, Californien, var der en forfærdelig ildebrand i køkkenet hvor de tilberedte mad til de hundreder af hengivne, som var kommet for at se Amma. En af brahmacharierne, som var med Amma på verandaen i Hendes hus, fortalte mig senere at Amma på et vist tidspunkt vendte sig mod ilden og bad med foldede hænder.

Hvad der derefter skete var i sandhed forbløffende. Vinden skiftede pludselig retning og begyndte at blæse væk fra teltet og ashrammens andre bygninger. Selvfølgelig blev nogle mennesker brændt af ilden lige med det første, men langt flere undgik skade fordi ilden ikke spredte sig.

Amma besøgte hver og en af de tilskadekomne hengivne på hospitalet og sad ved deres seng. Senere forklarede Hun at de alle var bestemt til at opleve langt værre lidelse på denne dag og endda miste livet. Ved at opleve ulykken i Ammas ashram var de i stand til at undgå en endnu værre skæbne.

Nu er de næsten alle sammen tilbage i køkkenet på Ammas USA tur med endnu mere entusiasme og begejstring end tidligere. De har alle fortalt mig, at de kunne mærke Hendes nærvær og nåde så stærkt under deres vanskeligheder i ildebranden, og at deres tro på Amma er blevet dybere som resultat af denne erfaring. Ilden forvoldte skade på deres kroppe, men ikke deres tro eller deres ånd. Uden at tage ulykken på en negativ måde eller dvæle ved deres skæbne har de brugt ulykken som en mulighed for på ny at dedikere deres liv til Amma.

De lod det ikke blive en anstødssten i deres liv, men forvandlede det i stedet til et skridt fremad på vejen til spirituel vækst.

Amma har sagt at Guruen fjerner 90 procent af vores karma og kun efterlader 10 procent, som vi skal gennemgå. Men selv der kan vi måske undre os. "Hvorfor efterlade 10 procent? Hvis Guruen kan tage 90 procent, hvorfor så ikke 100 procent? Hvad er så kraftfuldt og vigtigt ved karmaloven at vi må lide i det mindste 10 procent?" Svaret er at de tilbageværende 10 procent er dét, der får os til at vokse og udvikle os spirituelt.

Amma beskriver den indstilling, som en spirituelt søgende skal have når han eller hun møder sit karma: "En søgende er ikke bekymret for om lykke eller ulykke overgår ham. Han ved at hans karma er som en pil, der allerede er afsendt fra buen. Intet kan stoppe den. Pilen kan gøre ondt, den kan skade eller endog dræbe ham, men det gør ham ikke noget. Det er ligesom pladeafspillerens nål, som løber i pladens riller. Sangen må spille så længe livets nål går gennem rillerne. Sangen kan være en frygtelig sang eller en god sang. I hvert tilfælde har han selv skabt den; det er hans egen stemme. Han vil ikke løbe væk fra sin karma, fordi han véd, at det er en renselsesproces, som hjælper med at fjerne de pletter, som er skabt af ham selv i fortiden, i et tidligere liv. Og frem for alt vil den sande søgende altid have Guruens beskyttelse og nåde. Derfor vil han modtage lindring og hjælp selv i de mest vanskelige stunder."

Lidelse kommer kun som et chock for os, når den har været fraværende i vores liv gennem længere tid. Vi behøver kun at spørge de millioner af mennesker, som lever i håbløs fattigdom eller i verdens krigsramte zoner. De vil fortælle os, hvor fyldt af lidelse livet er. Vi behøver bare at spørge Amma. Hun ved det bedre end nogen; millioner af mennesker rundt om i verden kommer til Hende med utallige problemer og beder om Hendes nåde og rådgivning. I stedet for at stille spørgsmålstegn ved hvorfor vi må lide, skal vi forsøge at tænke på, hvor heldige vi har været på andre tidspunkter af vores liv og være taknemmelige over for Gud, fordi vi har været i stand til at nyde fremgang så længe.

På grund af sin uendelige medfølelse har Amma givet os sin garanti for, at Hendes lindring og hjælp vil være der i de sværeste stunder. Kan vi bede om noget mere? Jeg beder om, at vi alle kan huske Ammas ord, når livets vanskeligheder opstår, og at Hun giver os den rette opfattelse af disse erfaringer, så de kan hjælpe os til at vokse og udvikle os på den spirituelle vej.

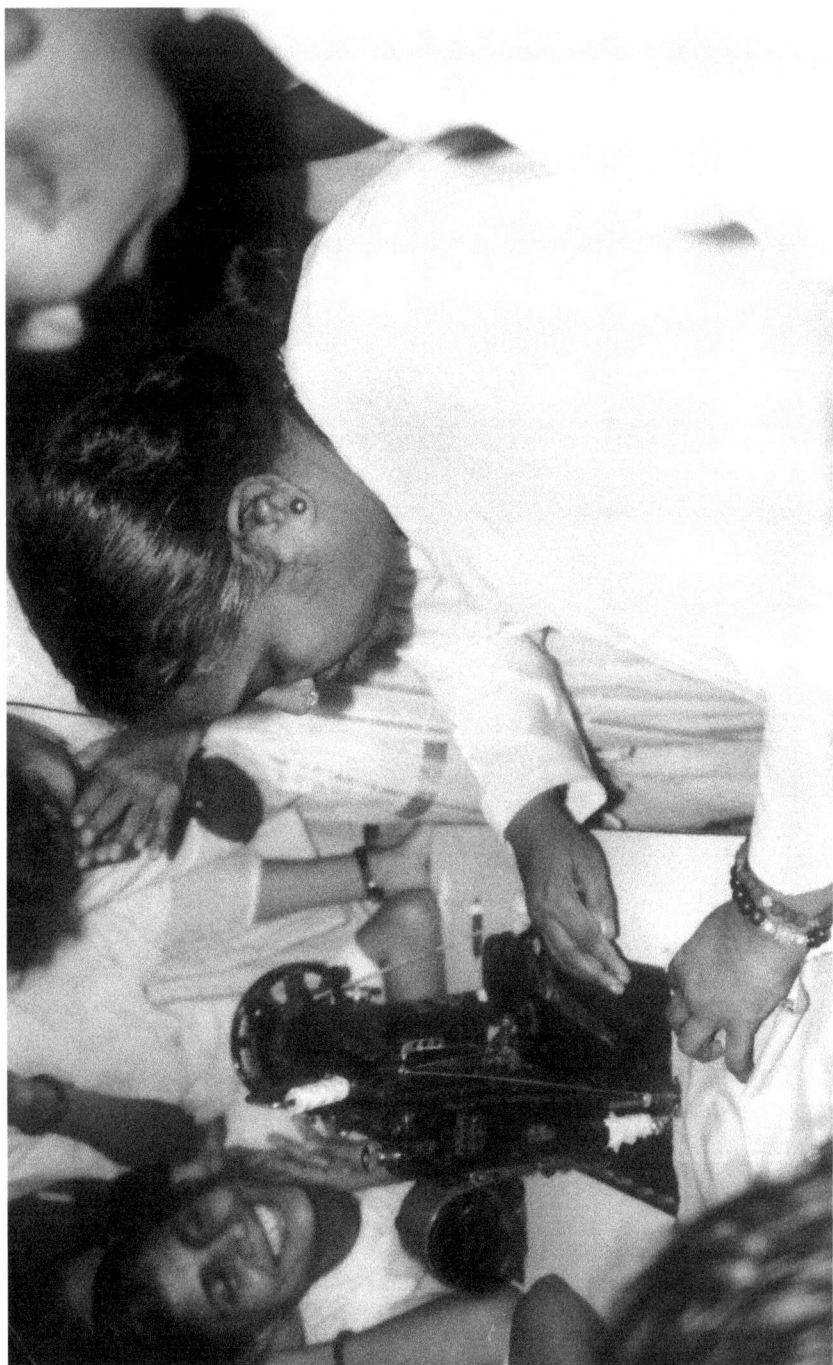

Kapitel 20

En strøm af nåde

Et par måneder efter tsunamien afholdt Amma to lejre for børn, som var blevet ramt af katastrofen. Under disse lejre opholdt over 10.000 børn sig i ashrammen, hvor de deltog i forskellige former for undervisning som yoga, sanskrit og engelsk tale. Før de kom til ashrammen, kunne mange af børnene ikke sove roligt om natten, fordi de var så traumatiserede af deres oplevelser under tsunamien. Alligevel virkede det som om de glemte alt om deres problemer, da de kom til ashrammen, selv om de aldrig havde været der før eller aldrig havde mødt Amma. De begyndte hurtigt at lege og være glade igen, de blev endda uartige: de skiftede låsene ud på folks døre, de tog elevatoren op og ned og fik den til at stoppe på hver eneste etage, og en af de vestlige brahmacharier, som arbejder i boligbygningerne, blev lagt ned af en gruppe otteårige drenge som ønskede at afprøve deres evner inden for brydning.

En vestlig tilhænger havde lært børnene at lave papirfly. Dagen efter var der opstået et akut behov for en ny stilling i ashrammen: en lufttrafik kontrollør! Børnene sendte hundredevis af papirfly ned fra 15. etage i boligbygningerne.

Hver dag afholdt Amma en spørgsmål-og-svar session med børnene. Amma brugte børnenes uskyldige spørgsmål til at videregive spirituelle værdier til dem. For eksempel sagde et af børnene til Amma, at hun havde hørt, at gudebillederne i nogle templer voksede og med årene langsomt blev større. "Er det muligt?" ville barnet vide.

"Gud er et under, " sagde Amma. "Alt er muligt i Guds skabelse. Gudebillederne kan måske vokse, men hvad med dig? Er du vokset?

Har du forandret dig? Hvad er ideen med at se på forandringen i gudebilledet? Det er dig, der bliver nødt til at forandre dig."

Et andet barn spurgte Amma, hvad Hendes virkelige navn var. "Jeg har også tænkt over det," sagde Amma. "Jeg har ikke et navn. Mennesker kalder mig forskellige navne."

Et andet barn spurgte: "Amma, hvad er din mors navn?"

Endnu en gang afslørede Ammas svar rummeligheden i Hendes syn: "Min fostermoders navn er Damayanti[3], men for mig er jorden min mor, havet er min mor, himlen er min mor, planter er min mor, koen er min mor, dyr er min mor, og endda bygningen, vi sidder i, er også min mor."

Så trådte en lille pige frem og spurgte: "Amma, de siger, at du har guddommelige kræfter. Er det sandt?"

"Hvad mener du med guddommelige kræfter?" spurgte Amma.

"At hvad end Amma siger, vil det komme til at ske, og at mennesker som ikke kunne få børn, har fået børn fra dig..."

"Spørg tilhængerne," svarede Amma, for Hun ønskede ikke at tale om sig Selv. "Jeg foretrækker at være et lille barn, en begynder. Alle ønsker at være byens konge og så kæmper de med hinanden for at blive det. Du er nødt til at blive konge indeni." Amma tilføjede, at vi alle har potentialet for at opnå sådanne ting, men det er op til hver af os at kalde det frem. Børnene kom med bifaldsråb og hilste Ammas svar med klapsalver.

På lejrens sidste dag rejste et barn sig og spurgte: "Amma, hvad vil der ske med os, når vi skal væk herfra i morgen?"

Amma spurgte ham, hvorfor han stillede sådan et spørgsmål?

Drengen svarede: "Amma, de fem dage vi har tilbragt her, har fuldstændig forandret vores liv. Selv om mange af os har mistet en mor, en far, en søster eller en bror under tsunamien, har vi på grund

---

[3] Ammas biologiske moder hedder Damayanti. Ved at referere til hende som fostermor peger Amma på, at ved hver fødsel får vi forskellige, midlertidige mødre, men vores eneste vedvarende mor er Gud.

af den kærlighed og opmærksomhed, som du har givet os så meget af, ikke mærket smerten ved at miste dem. Nu har vi ikke lyst til at tage væk fra ashrammen igen. Vi vil blive her altid." Et andet barn som deltog i en af lejrene, sagde under darshan til Amma: "Amma, i tsunamien mistede vi alt, men vi fandt dig. Og ved du hvad? Det var det værd."

Efter lejren var forbi, begyndte mange af de lokale børn at komme regelmæssigt i ashrammen; nu føler de at den er deres. Deres forældre og andre voksne fra landsbyen, som aldrig plejede at sætte en fod inden for ashrammens område, kommer nu for at hente mælk og andre varer, de kommer for at få lægehjælp, tøj, rådgivning og endda modtage uddannelse inden for forskellige erhverv. Ashrammen er blevet en oase af håb i dét, der ellers kunne have været et område med håbløshed, der var blevet lagt øde og gjort trøstesløst under en af de værste naturkatastrofer i verdenshistorien.

Under Ammas verdenstur i 2004 sagde Amma, at Hun så mørke skyer samle sig i horisonten, og at vi alle skulle bede for at disse skyer ville blive forvandlet til en strøm af nåde. Ud fra det, der siden er sket, har det vist sig, at de mørke skyer i form af tsunamien har forårsaget stor smerte i mange menneskers liv, men samtidig har de også bragt strømmen af Ammas nåde ud til så mange mennesker.

Amma siger, at når alt går som det skal, og når ingen er i dyb lidelse, så er vi ikke fuldt ud klar over Mesterens medfølende natur. Men når ulykken rammer, vil Mesterens medfølelse manifestere sig fuldstændigt. Jo større ulykken er, des mere medfølelse vil der strømme fra Mesteren. Den samme grad af medfølelse er der hele tiden, men vi er ikke i stand til at opfatte det. Indtil tsunamien kom, tror jeg faktisk ikke, at nogen af os vidste, hvor medfølende Amma virkelig er.

En minister i den indiske regering, som så en filmoptagelse med Ammas handlinger på den dag tsunamien kom, bemærkede at Ammas umiddelbare reaktion var at skifte tøj og vade ud i vandet, der hævede sig, mens Hun opfordrede alle andre til at gå op i sikkerhed. Ministeren sagde, at hvis han havde været i Ammas sted, ville han først have bragt sig selv i sikkerhed, og så havde han bedt alle andre om at følge med. Men Amma gjorde det modsatte. Hun insisterede faktisk på at være den allersidste person, der forlod ashrammen den dag. Selv ashrammens elefanter og køer var blevet evakueret til fastlandet, før Amma omsider indvilligede i at tage hen til et mere sikkert sted.

Der var næsten 20.000 mennesker i ashrammen den dag, og selv om stedet blev oversvømmet, var der ikke en eneste person, som kom til skade. Selv patienterne, der lå i sengen på ashrammens velgørende hospital, blev reddet. Fordi Amma i sidste øjeblik flyttede darshan til den gamle hal, som befinder sig halvanden etage over jorden, var der ingen børn, der legede på det store åbne område, som er på niveau med jorden i den store darshan-hal. Fordi Amma havde flyttet uddeling af pensioner til en anden dag, undgik 9.000 fattige kvinder dét, der kunne være blevet katastrofens højdepunkt, da vandet kom rullende ind i den store hal. Når jeg tænker på den mirakuløse serie af omstændigheder, kan jeg ikke lade være med at blive mindet om Herren Krishna, der holder Govardhana bjerget over hovedet på indbyggerne i sin barndoms by for at beskytte dem mod en oversvømmelse. Det var som om Amma bogstavelig talt samlede hver enkelt person op – og hver enkelt dyr for den sags skyld – og holdt dem over det strømmende vand. Kan det kaldes for andet end guddommelig nåde?

Amma nægtede at forlade ashrammen, indtil alle andre var taget af sted, og til sidst forlod Hun den kun, fordi der var nogle disciple, som nægtede at tage af sted, hvis Hun blev. Omsider krydsede Amma vandet til fastlandet et stykke efter midnat. Hun havde end ikke drukket vand hele dagen, hvilket var tydeligt, for Hendes læber var fuldstændig sprækkede. Da en af brahmacharierne bad Hende om at drikke noget, svarede Amma ganske enkelt: "Hvordan kan jeg drikke vand, når så mange mennesker er døde?"

Vi er altid klar til at læne os tilbage og lykønske os selv, når vi har gjort en eller to gode ting, og vi siger til os selv: "Jeg har gjort min gode gerning for i dag." Men uanset hvor meget Amma gør for andre, føler Hun aldrig, at det er nok.

For nogle år siden var der en kort periode, hvor Amma havde en støtte om håndleddet, når Hun gav darshan. En dag fjernede Hun pludselig støtten og fortsatte med at give darshan uden den. Da en af brahmacharierne spurgte Hende, hvorfor Hun havde gjort det, svarede Amma: "Når jeg giver darshan skal min hånd røre deres krop, så de mærker en forbindelse med Amma og føler Hendes moderlige kærlighed. En plastikstøtte mellem Ammas hånd og deres krop vil kunne forhindre den følelse." Amma er altid parat til at glemme sin egen smerte for andres skyld. Hun har ikke længere en støtte om håndleddet, når Hun giver darshan.

I *Viveka Chudamani*, siger Shankaracharya: "Mahatmaer har krydset fødslen og dødens skræmmende ocean. Uden grund og uden forventninger hjælper de andre til også at komme hen over det." Deres medfølelse udspringer ikke fra en logisk beslutning eller noget som gavner dem selv på nogen måde. De gør det ganske enkelt på grund af deres uendelige medfølelse for os. Når Amma er blevet spurgt direkte om, hvorfor Hun har dedikeret sit liv til at tørre den lidende menneskeheds tårer bort og opløfte dem spirituelt, trækker hun ganske enkelt på skuldrene og siger: "Det er som at spørge floden, hvorfor den flyder, eller solen, hvorfor den skinner. Det er dens natur. Den kan ikke gøre noget andet."

Selv om det meste af verden allerede har glemt tsunamien og dens ofre, siger Amma at tsunamiofrenes lidelser og behov stadig fylder Hendes sind. De fleste mennesker tror, at Amma går tilbage til sit værelse og lægger sig og hviler efter en krævende darshan session. Men i virkeligheden får Hun det meste af tiden slet ikke nogen hvile. Under Hendes USA tur i 2005, som var seks måneder efter katastrofen, varede en Devi Bhava darshan fra kl. 18.30 til efter middag den følgende dag. Bagefter gik Amma alligevel direkte hen til sit værelse, hvor Hun brugte fire timer på at tale i telefon med de beboere i ashrammen, som administrerede Hendes Tsunami hjælpearbejde.

I månederne efter ulykken ramte, sagde nogle af brahmacharierne i spøg, at hvis man ønskede Ammas opmærksomhed skulle man begynde sin sætning med ordet "tsunami." Amma sagde, at Hun ikke ville være tilfreds før alle de tsunami ofre, som Hun havde taget under sin beskyttelse – i Kerala, Tamil Nadu, Pondicherry, Andaman & Nicobar Øerne og Sri Lanka – havde fået deres hjem tilbage og var i stand til at få deres liv tilbage på sporet.

Mens bogen bliver skrevet i august 2005, er Ammas ashram den eneste institution i Indien, som har givet nye hjem til tsunamiofrene. Tsunamien var virkelig en forfærdelig tragedie, og den ødelagde så manges liv og håb. Men uden Amma som påtog sig deres sorger som om det var Hendes egne, ville disse mennesker slet ikke have haft håb om at kunne vende tilbage til nogen form for normalt liv. Således har en af de største naturkatastrofer, der nogensinde har fundet sted i verden, også fremkaldt den uendelige medfølelse – og den uendelige nåde – fra en af de største Mahatmaer verden nogensinde har kendt.

Der er et smukt digt som beskriver, hvordan den guddommelige nåde kan velsigne os på uventede måder.

Jeg bad Gud om styrke til at udrette og opnå
men jeg blev gjort svag så jeg kunne lære ydmygt at adlyde
Gud.

Jeg bad om sundhed så jeg kunne gøre større ting,
men jeg blev givet skrøbelighed så jeg kunne gøre bedre ting.

Jeg bad om rigdomme så jeg kunne være glad
men jeg blev givet fattigdom, så jeg kunne blive mere vis.

Jeg bad om magt så jeg kunne opnå menneskers
anerkendelse
men jeg blev givet svaghed så jeg kunne føle behovet for
Gud.

Jeg bad om alle ting så jeg kunne nyde livet,
men jeg blev givet livet så jeg kunne nyde alle ting.

*Jeg fik ikke det jeg bad om men alt det jeg kunne håbe på
næsten på trods af mig selv blev mine uudtalte bønner hørt.*

*Blandt alle mennesker er jeg velsignet med den største
rigdom.*

Der er altid velsignelser i vores liv – spørgsmålet er, om vi er i stand til at værdsætte dem. Amma siger: "Gud er der, Guruen er der, og nåden er der altid. Du har evnerne til at vide og opleve det. Du har et kort, og du har fået en beskrivelse af vejen i form af Guruens ord. Vinden fra Guruens velsignelser blæser altid. Hans guddommelige væsens flod strømmer altid, og Hans videns sol skinner hele tiden. Han har gjort sin del. Hans arbejde er overstået for længe, længe siden."

Nu er det op til os at gøre vores andel. Vi er hele tiden omgivet af en strøm af nåde. Om vi åbner os for nåden og lader vores hjerter blomstre i den guddommelige kærlighed eller om vi lukker af og synker dybere ned i selviskhed, selvbedrag og fortvivlelse er helt op til os.

Det er nåde, som får os til at møde en Mester. Det er nåde, som får os til at genkende en Mester, når vi møder en. Og det er nåde, Mesteren giver til os. Takket være Ammas nåde er de fleste af os i stand til at opdage i hvert fald en smule af Hendes guddommelighed og storhed. Hvis vi søger denne guddommelighed og åbner os for den – ved at udføre gode handlinger og opdyrke et rent og uskyldigt hjerte, der er som et barns – vil vores liv ganske sikkert blive mere velsignet og mere fredfyldt og mere rigt. Det kan ikke være anderledes. Må Ammas strøm af velsignelser nå os alle.

Ordliste

adharma – Uretfærdighed. Afvigelse fra naturlig harmoni.

Advaita – Bogstaveligt talt, "ikke to". Refererer til non-dualismen, Vedantas fundamentale princip, Sanatana Dharmas højeste spirituelle filosofi.

Amrita Kuteeram – Mata Amritanandamayi Maths projekt med byggeri af huse, der donerer gratis hjem til meget fattige familier. Over 30.000 huse er indtil videre blevet bygget og givet videre til fattige familier i hele Indien.

Amrita Vidyalayam – Grundskoler, der er etableret og administreret af Mata Amritanandamayi Math, og som tilbyder uddannelse baseret på værdier. På nuværende tidspunkt findes der over 50 Amrita Vidyalayam skoler spredt i hele Indien.

Amritapuri – Det internationale hovedkvarter for Mata Amritanandamayi Math, der ligger på Ammas fødested i Kerala, Indien.

Amritavarshan50 – Ammas 50 års fødselsdagsfejring, der blev holdt som en international dialog og fællesbøn begivenhed i Cochin, Kerala i September 2003 med temaet "Omfavner verden for fred & harmoni." Under de fire dages festligheder deltog internationale iværksættere, fredsskabere, undervisere, spirituelle ledere, miljøaktivister, Indiens største politiske ledere og kunstnere, samt mere end 200.000 mennesker, inklusive repræsentanter for hver af de 191 medlemslande i FN.

archana – Plejer at referere til chanting af en bestemt guddoms 108 eller 1000 navne (f.eks. Lalita Sahasranama).

Arjuna – En stor bueskytte, som er en af heltene i den episke fortælling Mahabharata. Det er Arjuna, som Krishna henvender sig til i Bhagavad Gita.

asana - meditationstæppe

asura – djævel, dæmon.

Atman – Selvet eller Bevidsthed.

AUM – (også "Om.") Ifølge de Vediske skrifter er det den oprindelige lyd i universet og skabelsens kim. Alle andre lyde opstår fra Om og vender igen tilbage i Om.

Avatar – Guddommelig Inkarnatation. Fra Sanskrit roden "avatarati" – "at komme ned."

avil – fladpresset ris.

Bhagavad Gita – "Herrens Sang." Herren Krishnas lære, som han gav Arjuna i begyndelsen af Mahabharata Krigen. Det er en praktisk guide til at møde kriser i vores personlige eller sociale liv og essensen i den Vediske visdom.

bhajan – Hengiven sang.

bhakti – Hengivelse, tjeneste og kærlighed til Herren.

bhava – Humør eller holdning.

bhiksha – Almisser.

Bhisma – Patriark blandt Pandavaer og Kauravaer. Selv om han kæmpede på Kauravaernes side under Mahabharata Krigen var han en mester i dharma og havde sympati for de sejrende Pandavaer.

brahmachari – En mandlig disciel, der lever i cølibat og praktiserer spirituelle discipliner under en mester (Brahmacharini er det tilsvarende for en kvinde.)

brahmacharya – Cølibat, og generel beherskelse af sanserne.

Brahman – Den Højeste Sandhed hinsides alle egenskaber. Også det alvidende, almægtige, allestedsnærværende underliggende lag i universet.

Brahmasthanam Tempel – Disse unikke templer er skabt af Ammas guddommelige intuition, og de er åbne for alle uanset deres religion. Det centrale ikon har fire sider, der viser Ganesh, Shiva, Devi og slangen, og understreger den iboende enhed, der ligger under det Guddommeliges mangfoldige aspekter. På nuværende tidspunkt findes der 17 af disse templer over hele Indien og et i Mauritius.

Brahmin – Indiens præsteklasse.

damam – Beherskelse af sanserne.

danam – Godgørenhed.

darshan – Audiens hos et helligt menneske eller en vision af det Guddommelige.

daya – Medfølelse.

devas – Himmelske væsener.

Devi – Gudinde. Den Guddommelige Moder.

Devi Bhava – "Devis Guddommelige Humør." Tilstanden hvor Amma afslører Sin enhed og identitet med den Guddommelige Moder.

dharma – På Sanskrit betyder dharma "det som opretholder (skabelsen)". For det meste indikerer det universets harmoni. Andre betydninger inkluderer: retskaffenhed, pligt, ansvar.

Draupadi – Pandavaernes hustru.

Duryodhana – Den ældste af de 100 Kaurava brødre. Tilranede sig herredømmet som Yudhishthira, Pandavaernes ældste broder var den åbenbare arving til. Gennem sit had til de retskafne Pandavaer og hans berømte afvisning af at skænke dem bare et græsstrå gjorde Duryodhana Mahabharata Krigen uundgåelig.

gopi – Gopierne var malkepiger som boede i Krishnas barnddoms-hjem, Brindavan. De var brændende hengivne af Krishna. De eksemplificerer den mest intense kærlighed til Gud.

gurukula – Bogstaveligt, "Guruens klan." Traditionelle skoler hvor børn bor med en Guru som instruerer dem i skrifterne og akademisk viden og samtidig videregiver spirituelle værdier.

homa – Ceremoni med ild.

japa – Gentagelse af et mantra.

jiva, eller jivatman – Individuel sjæl. Ifølge Advaita Vedanta er jivatman ikke en begrænset individuel sjæl men en og den samme som Paramatman, eller Brahman, den ene Højeste Sjæl som udgør både den materielle og den intelligente årsag til universet.

jnana – Viden.

kaimanis – Håndbækkener.

karma – Bevidste handlinger. Også kæden af virkninger som skabes af vores handlinger.

Kauravaer – Kong Dhritharasthra og Dronning Gandharis 100 børn, hvoraf den uretfærdige Duryodhana var den ældste. Kauravaerne var fjender til deres fætre, de retskafne Pandavaer, som de kæmpede med i Mahabharata krigen.

Krishna – Vishnus vigtigste inkarnation. Han var født i en kongelig familie, men voksede op hos plejeforældre og levede som en ung kohyrde i Brindavan, hvor han var elsket og tilbedt af sine hengivne ledsagere, gopierne og gopaerne. Krishna grundlagde senere byen Dwaraka. Han var ven og rådgiver til Sine fætre, Pandavaerne, specielt Arjuna, som Han tjente som vognfører under Mahabharata Krigen, og som Han afslørede Sin lære for i form af Bhagavad Gita.

Krishna Bhava – "Krishnas Guddommelige Humør." Tilstanden hvori Amma afslører Sin enhed og identitet med Krishna. I begyndelsen plejede Amma at give Krishna Bhava darshan umiddelbart før hun gav Devi Bhava darshan. Under Krishna Bhava identificerede Hun sig ikke med de tilhængernes problemer, når de kom til Hendes darshan, men Hun forblev et vidne. Med beslutningen om at mennesker i den moderne verden primært havde behov for Guds kærlighed og medfølelse i form af Gud som den Guddommelige Moder, holdt Amma op med at give Krishna Bhava Darshan i 1985.

Kurukshetra – Slagmarken hvor Mahabharata Krigen blev udkæmpet.

Lalita Sahasranama – Den Guddommelige Moders 1000 Navne.

lila – Guddommelig leg.

lokah samastah sukhino bhavantu – fredsmantra der betyder, "Må alle væsener i alle verdener være lykkelige." Det chantes dagligt af Ammas disciple og hengivne verden over for fred og harmoni i hele verden.

Mahabhrata – et af de to store Indiske historiske episke fortællinger, den anden er Ramayana. Det er den store afhandling om dharma. Fortællingen handler hovedsageligt om konflikten mellem de retfærdige Pandavaer og de uretfærdige Kauravaer og den store krig på Kurusheta. Den indeholder 100.000 vers og er det længste episke digt i verden, der blev skrevet omkring 3.200 år før vores tidsregning af Vismanden Veda Vyasa.

Mahatma – Bogstavelig betydning er "Stor Sjæl." Men termen bruges mere bredt nu. I denne bog refererer Mahatma til en som forbliver i Viden om at han eller hun er et med det Universelle Selv eller Atman.

mala – en rosenkrans.

mananam – Reflektion. Andet skridt i den tre trins proces til Selvrealisering som Vedanta angiver hovedtrækkene i.

Mata Amritanandamayi Devi – Ammas officielle klosterlige navn, der betyder Den Evige Lyksaligheds Moder, som ofte foranstilles et Sri for at angive betydning gunstighed.

maya – Illusion. Ifølge Advaita Vedanta er det maya som får jivatman til fejlagtigt at identificere sig selv med kroppen, sindet og intellektet i stedet for dets sande identitet som er Paramatman.

Meenakshi Devi – En form af Den Guddommelige Moder som står i det berømte Madurai tempel.

nidhidhyasanam – Kontemplation. Det sidste skridt i den tre trins proces til Selv-realisering som Vedanta angiver hovedtrækkene i.

nirguna – Uden form.

pada puja – Ceremoniel afvaskning af Guruens fødder, eller Hans eller Hendes sandaler, som en demonstration af kærlighed og respekt. Det plejer at inkludere, at der over fødderne eller sandalerne hældes rent vand, yoghurt, ghee, honning og rosenvand.

Pandavaer – Kong Pandus fem sønner og heltene i den episke fortælling Mahabharata.

payasam – Sød grød lavet med ris eller nudler, anakardienød og mælk.

prarabdha – Frugterne af handlinger fra tidligere liv som man er bestemt til at opleve i det nuværende liv.

prasad – Velsignet offergave eller gave fra en hellig person eller tempel, ofte i form af mad.

puja – Rituel eller ceremoniel tilbedelse.

Rama – Den guddommelige helt i den episke fortælling Ramayana. En inkarnation af Herren Vishnu. Anses for at være idealbillede på dharma og dyd.

Ravana – En magtfuld dæmon. Vishnu inkarnerede som Herren Rama med det formål at dræbe Ravana og derved genoprette harmoni i verden.

Rishier – Selv-realiserede Seere eller vismænd som opfatter mantraerne.

sadhana – spirituel praksis.

saguna – Med form.

sakshi bhava – Holdning hvor man forbliver et vidne til krop, sind og intellekt.

samadhi – Enhed med Gud. En transcendental tilstand hvor man mister enhver sans for individuel identitet.

samsara – Cyklussen af fødsel og død.

sankalpa – Guddommelig beslutning.

sannyasin – En munk som har taget formelle løfter om afkald (sannyasa). En sannyasin har traditionelt okkerfarvet tøj på, som symboliserer, at alt begær brændes væk. Det tilsvarende for en kvinde er sannyasini.

Satguru – Bogstavelig betydning er "Sand Mester." Alle Satguruer er Mahatmaer, men ikke alle Mahatmaer er Satguruer. Satguruen er en som stadigt oplever Selvets lyksalighed men vælger at komme ned på niveau med almindelige mennesker for at hjælpe dem til at vokse spirituelt.

satsang – At være i forbindelse med den Højeste Sandhed. Også at være i selskab med Mahatmaer, lytte til en spirituel tale eller samtale, og deltage i spirituel praksis i en gruppesammenhæng.

seva – uselvisk tjeneste, hvis resultater dedikeres til Gud.

Shankaracharya – Mahatma som via sit arbejde genetablerede Advaita filosofien om non-dualitets overhøjhed i en tid hvor Sanatana Dharma var i forfald.

Shiva – Tilbedes som den første og fremmeste i Guruernes afstamning og som det formløse underliggende lag i universet i relation til Shakti, det skabende princip. Han er Herre over ødelæggelsen (af egoet) i treeenigheden af Brahman (skabelsens Herre), Vishnu (opretholdelsens Herre) og Shiva. Han er for det meste afbildet som en munk med aske overalt på kroppen, slanger i Sit hår og kun iført et lændeklæde, en tiggerskål og med en trefork i hånden.

shruti – "Det som kom ned via hørelsen." Refererer til Sanatana Dharmas skrifter, som indtil for nyligt blev videregivet via en mundtlig tradition.

Sita – Ramas hellige ledsager. I Indien anses Hun for at være idealet på kvindelighed.

sravanam – Lytte. Første trin i den tre trins proces til Selv-realisering som Vedanta angiver hovedtrækkene i.

Srimad Bhagavatam – Hengiven tekst som detaljeret angiver Herren Vishnus forskellige inkarnationer, med speciel understregning af Sri Krishnas Liv. Den blev skrevet efter Mahabharata af vismanden Veda Vyasa efter at han havde fuldendt Mahabharata.

Sudhamani – Ammas navn givet af Hendes forældre ved fødslen, som betyder "Nektarfyldte Juvel."

tapas – askese, bodsøvelser.

Upanishade – en del af Vedaerne som omhandler filosofien om non-dualisme.

vairagya – Adskilthed. Særligt adskilthed fra alt, der ikke er permanent, dvs. hele den synlige verden.

vasana – Latente tilbøjeligheder eller subtile begær i sindet som manifesterer sig som handlinger og vaner.

Vedanta – "Vedaernes slutning." Det refererer til Upanishaderne som omhandler emnet Brahman, den Højeste Sandhed og vejen til at realisere denne Sandhed.

Vedantiner – En som praktiserer Vedanta filosofien.

Vedaer – De ældste af alle skrifter. Vedaerne blev ikke skabt af nogen menneskelig forfatter men blev "afsløret" under dyb meditation for tidligere tiders vismænd. Mantraerne som udgør Vedaerne findes altid i form af subtile vibrationer; Rishierne opnåede så omfattende en tilstand af fordybelse, at de var i stand til at opfatte disse mantras.

vishwarupa – Kosmisk form.

viveka – Skelneevne. Særligt skelnen mellem det permanente, evige og det ikke-permanente, foranderlige.

Viveka Chudamani – Skelneevnens højeste Juvel. En tekst, der introducerer Vedanta, som er forfattet af Adi Shankaracharya. Det anbefales at man studerer den før studiet af Upanishaderne.

yagna – Offer, i den forstand at man ofrer noget i tilbedelse eller foretager en handling, som gør personlig såvel som samfundsmæssigt gavn.

yoga – "At forene." Foreningen med det Højeste Væsen. En bred term som også refererer til forskellige praktiske metoder hvorigennem man kan opnå enhed med det Guddommelige. En vej der kan føre til Selv-realisering.

Yudhishthira – Den ældste af de fem Pandavaer, og den retmæssige arving til Kuru riget, som den ondsindede prins Duryodhana havde tilranet sig. Siges at have været inkarnationen af dharma princippet i menneskelig form.